自治体の災害初動対応

～近年の災害対応の教訓を活かす～

室 田 哲 男

近代消防社

Contents

目　　次

はじめに　／5

第一章　近年の災害における初動対応とその課題 ── 11

I　平成25年伊豆大島土砂災害 ── 11

1　降雨の状況と被害の概要　／11

2　大島町の初動対応の状況（時系列）　／13

3　初動対応に関する課題　／15

II　平成27年常総市鬼怒川水害 ── 19

1　降雨の状況と被害の概要　／19

2　常総市の初動対応の状況（時系列）　／21

3　初動対応に関する課題　／23

III　平成28年台風第10号災害 ── 29

1　降雨の状況と被害の概要　／29

2　岩泉町と要配慮者利用施設の初動対応の状況（時系列）　／29

3　初動対応に関する課題　／32

第二章　市町村の災害初動対応と「事前の備え」 ── 37

I　大規模災害の初動時に求められる対応 ── 37

1　防災気象情報等の収集・分析、住民への伝達　／37

2　避難勧告等の発令　／40

3　避難行動の呼びかけ　／53

4　被害情報の収集・報告、報道発表　／58

5　実動機関との連携体制の早期構築　／60

1

Contents

Ⅱ　迅速かつ的確な初動対応のための「事前の備え」‥‥‥‥‥　63

　1　トップダウンの体制づくり　／63

　2　応急体制の迅速な構築　／69

　3　職員一人ひとりの危機対応能力の向上　／82

　4　情報伝達手段の強靱化・多重化　／84

　5　日頃からのリスクコミュニケーションと避難訓練　／86

　6　要配慮者の円滑な避難に向けた事前の取り組み　／97

　7　実動機関等との日頃からの連携強化　／99

第三章　平成26年広島豪雨災害を踏まえた警戒・避難システムの見直し‥‥‥‥‥103

Ⅰ　降雨の状況と被害の概要‥‥‥‥‥105

　1　8月19日夜から8月20日未明までの降雨の状況　／105

　2　被害の概要　／107

Ⅱ　広島市の初動対応の状況‥‥‥‥‥110

　1　気象情報、雨量予測情報の入手、雨量観測データの収集　／110

　2　住民への情報伝達　／112

　3　災害警戒本部・災害対策本部の設置　／112

　4　土砂災害の危険度の判断と避難勧告の発令　／116

　5　避難所の開設　／118

Ⅲ　平成26年広島豪雨災害を踏まえた警戒・避難システムの大幅な見直し‥‥‥‥‥119

　1　危機管理体制の見直し　／119

　2　情報収集・分析の時間間隔の短縮　／121

　3　避難勧告等発令、避難所の設置に関する見直し　／122

　4　多様な情報伝達手段の活用　／125

Contents

    5   住民の防災意識の向上、地域防災力の強化　／126

Ⅳ　最近の警戒・避難システムの運用・見直しの状況······················127
    1   警戒・避難システムの最近の運用状況と今後の課題　／127
    2   避難勧告等の発令基準の見直し　／129

第四章　大規模災害の初動時における都道府県の役割··············133
    1   市町村の危機対応に対する支援　／134
    2   被害情報の迅速な収集・報告　／138
    3   都道府県内の防災関係機関等との連絡調整　／140
    4   実動機関の受援体制の早期構築　／143
    5   迅速かつ的確に危機対応するために　／157

  索　引　／167

は　じ　め　に

　自然災害等の危機事態発生時において、地方公共団体、とりわけ第一次的な防災上の責務を有する市町村の初動対応の適否は、時には住民の命に直結することになる。人的被害を最小限にとどめられるかどうかは、

・防災気象情報等を収集し、住民に対し随時伝達することにより、警戒を促したか
・時機を失することなく避難勧告等を発令し、避難行動を呼びかけたか
・消防・警察等と連携し、避難行動要支援者等を迅速に避難誘導したか
・救助活動や被災者支援を一刻も早く行うため、被害情報を迅速・的確に収集・報告したか
・大きな被害が予想される場合、緊急消防援助隊や自衛隊等の応援をいち早く要求し、円滑に受け入れたか

などの、市町村の対応いかんによって大きく左右される。

> 　「地震の現象」と「地震による災害」とは区別して考えなければならない。現象のほうは人間の力でどうにもならなくても「災害」のほうは注意次第でどんなにでも軽減されうる可能性があるのである。　　　　＜『災難雑考』（「天災と国防」寺田寅彦）＞

　一方で、ここ数年全国各地で台風や豪雨に伴う水害、土砂災害など、多数の命が失われる大規模な災害が相次いで発生しているが、その際の報道において、

・「土石流発生の約２時間半前に地方気象台から「土砂災害警戒情報」を

受け取っていたことが分かった。避難勧告が出るまでは約5時間のブランクがあり、この間に土石流が発生した。市長は取材に「土石流は想定の枠外にあった。」と述べ、対策が不十分だったことを認めた。」

・「進路予想がある程度正確な台風の場合、津波や竜巻などと比べて事前の避難には時間的余裕があるだろう。町は危険を察知し、適切な対応を取るべきだった。町長と副町長が出張で不在だったことが、町の意思決定に影響を及ぼした可能性もある。」

・「町は、避難勧告や避難指示を出さなかった。風雨が強く、避難は危険との判断があったようだ。確かに外出が危険なときは家にとどまる判断もあり得る。だが、過去10年で最大級の勢力の台風だと事前に繰り返し報道されていた。」

・「避難勧告が出された際、市が浸水で避難所として使えなくなっていた小学校へ避難を呼びかける情報を住民に送っていたことが分かった。担当者は、避難所周辺や準備の状況を十分に確認しないまま情報発信したことを認め、「避難しようとした方々に申し訳なかった」としている。」

・「市民に対し、避難指示や避難勧告を知らせる「緊急速報メール」を送信していなかったことが、市への取材で分かった。担当者は「手が回らなかった。これを教訓に体制の整備をしなければならない。」と話している。」

・「町役場では同日、幹部らが避難勧告を巡って随時協議を続けたが、結論は「大丈夫だろう」だった。台風が接近してきた夕方には、町長が自ら現場付近を歩いて川の水位を確認。施設側からも「大丈夫だ」と連絡があり、問題がないと決めた。役場に戻った後、川は急激に増水。9人の命が奪われた。」

など、市町村の初動対応の課題について厳しい指摘がなされることがある。こうした報道が少なからず見受けられることは、災害の初動時における市町村の役割がいかに大きいかを物語っているとも言える。

いざ危機が生じた時に市町村が的確に対応できるかどうかは、当該市町

村の危機対応の能力にかかっている。

　しかしながら、危機対応能力には、市町村間で大きな差があるのが現状である。近年大きな災害に見舞われた市町村等は、一般的に危機対応能力が高い。過去の災害の教訓を踏まえ、危機管理体制を整備し、首長をはじめ職員の危機意識も高いからである。さらに、住民にも防災意識が浸透している。他方、災害の経験があまりない市町村には、地域防災計画が形骸化し、危機対応の意識が庁内に十分浸透していないところもみられる。また、住民の側も「自分たちの地域は大丈夫」という意識が強いのではないか。

　一方、都道府県はどうか？　都道府県には、市町村の支援・補完のほか、被災市町村と国との間に立って、情報の収集、連絡調整、応援部隊の受入、被災者支援等の面で大きな役割を果たすことが期待される。特に初動時においては、避難支援や救助等人命に直結する対応が最優先となることから、都道府県が果たすべき役割としては、①市町村への情報提供、避難勧告等に関する助言・支援、②被害情報の迅速な収集・報告、③都道府県内の防災関係機関等との連絡調整、④実動機関の受援体制の構築、の四つがあげられる。

　筆者は平成25年6月から27年6月までの2年間、総務省消防庁国保護・防災部長として、大規模災害時には消防庁災害対策本部で被害情報の収集や緊急消防援助隊のオペレーション等に携わったが、一緒に応急対応に携わった政府の関係者からは、特に初動時における被害状況の把握、国との情報共有、実動機関の受け入れの面で、「都道府県の動きが遅く、対応が十分ではない」との指摘がなされることが間々あった。一方、都道府県の側では、「自分たちは精一杯やっており、国の方こそ現場の苦労が分かっていない」と考えている関係者も多かったのではないか。

　こうした国と都道府県の間の「認識のズレ」の要因は何か？　国においては、少なくとも年に数回は非常災害対策本部が設置されるような、大規

はじめに

模災害を経験してきている。大規模災害への対応のノウハウが蓄積し、「最優先でやるべきことは何か」、「国はどこまでやって、都道府県に期待される役割は何か」などについて、関係者の間で共通認識が出来上がっている。

　これに対し、一つ一つの都道府県にとってみると、大規模災害は 10 年に一回起こるかどうかだろう。職員の人事ローテーションは通常数年なので、大規模災害への対応、とりわけ国と連携して初動対応に当たった経験がある防災・危機管理部局の担当者はほとんどいないことになる。想定外のことが次々と起こる中、普段の業務とは異なる災害対応業務を迅速かつ的確に処理できるかどうかは、経験によるところが大きい。特に初動時においては、こうした経験の差による行き違いが起こりやすいのである。

　過去の災害の有無に関係なく、大規模災害はいつどこで発生するか分からない。近年災害を経験していない地域の自治体は、まずは様々な想定の下での訓練を重ね、危機意識を高めていかなければならない。もう一つは、他の地域の災害対応における教訓を、他人事ではなく、「わがこと」として捉え、自らの危機対応能力を今一度見つめ直し、不足している点、立ち後れている点があれば、早期に強化することが重要である。

　私は「防災は想像力」だと思っています。ただ、人は経験していないことはイメージすることがなかなか難しいので、先人の経験から学ぶことが重要だと考えています。
　　　　　　　＜「天災人災格言集（あとがき）」平井敬也）＞

　筆者は、東日本大震災の発災時に、総務省地域政策課に在職し、応急対策や被災者支援のため急務となっていた被災市町村の行政機能回復に向けた支援策の取りまとめを担当した。平成 24 年 4 月に総務省消防庁に異動

し、平成25年6月からは、国民保護・防災部長として、平成25年伊豆大島土砂災害、平成26年広島豪雨災害、御嶽山噴火災害、長野県北部地震等の応急対応に当たった。その後、平成27年7月から、広島市副市長として防災・危機管理も担当し、平成26年の豪雨災害を踏まえた警戒・避難システムの見直しとその運用に携わった。今振り返ってみると、「あの時こうすれば良かった」と思うようなことも多々ある。

本書では、こうした筆者自身の経験と反省に加え、平成25年伊豆大島土砂災害、平成27年常総市鬼怒川水害及び平成28年台風第10号災害に係る検証結果報告等に基づいて、最近の大規模災害における初動対応の課題をまず明らかにする（第一章）。そのうえで、災害の初動時において市町村及び都道府県に求められる対応と、迅速かつ的確な初動対応のために必要となる事前の備えについて、順次述べることとしたい（第二章及び第四章）。その際には、平成26年広島豪雨災害を踏まえて、広島市がどのように警戒・避難に係る事前の備えを見直したのか、事例として詳しく紹介したい（第三章）。なお、文中意見にわたる部分は、筆者の個人的見解であることを予めお断りしておきたい。

ひとたび大規模な災害が起きれば、被災自治体は初動対応に始まり、避難所の運営等の被災者支援、復旧・復興まで長期にわたる対応を強いられることになるが、本書では、警戒・避難・救助という初動対応に焦点を絞っている。初動対応の適否は住民の命に直結するものであり、各自治体の危機対応能力の差によって被害の大きさにも影響を与えかねないからである。また、東日本大震災や平成28年の熊本地震などにおいては、避難所の運営や罹災証明の発行等の業務を支援するため、被災した自治体に他地域の自治体から応援職員が派遣されたが、初動対応の段階ではこうした応援は間に合わないため、被災自治体自らの力で対応せざるを得ない。

また、本書は、水害や土砂災害をはじめ、地震、津波、火山噴火など自然災害全般への対応を対象としているが、警戒や避難勧告等発令など災害発生前の対応については、主として水害や土砂災害のケースに関して記述

は じ め に

した。これらの災害については、ある程度前もって予測ができることから、人的被害を最小限にとどめるため、発災前に自治体のやるべきことが沢山あるからである。

市町村及び都道府県は自らの危機管理の体制が万全なものか今一度チェックしていただきたい。その際に、本書が少しでも参考になれば幸いである。

備えても備えたとおりに来ないのが災害だ。危機管理は経験上百点満点は取れるものではない。いかにして落第点を取らないかを目指し、あらゆる手を打つべきだ。
<依田智治（「天災人災格言集」平井敬也）>

第一章　近年の災害における
　　　　　初動対応とその課題

I　平成25年伊豆大島土砂災害

　平成25年伊豆大島土砂災害の際の、大島町の初動対応とその課題について、主に『平成25年伊豆大島土砂災害第三者調査委員会報告書』(平成28年3月) に基づいて概観する。

1　降雨の状況と被害の概要

　平成25年10月11日に発生した台風第26号は、16日（水）未明から朝にかけて伊豆諸島や関東地方に接近した。台風の接近に伴い、大島町では1時間に最大122.5mm、降り始め（15日06時）から16日09時までの雨量が824mmに達する記録的な大雨となった（**図1－1**）。

図1－1　15日8時から16日7時までの1時間毎の雨量

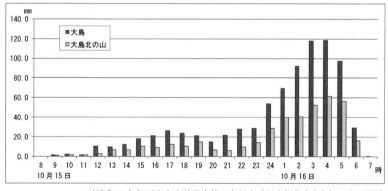

（平成25年伊豆大島土砂災害第三者調査委員会報告書(平成28年3月)）

第一章　近年の災害における初動対応とその課題

　この大雨に伴い、16日02時過ぎから少なくとも03時20分ごろまで大規模な土石流が発生。大島町では、死者36名、行方不明者3名のほか、物的被害として全壊137棟、大規模半壊28棟、半壊29棟、一部損壊186棟など、甚大な被害を被った（**写真1－1、1－2**）。

写真1－1　山の上部からの被害状況

写真1－2　捜索・救助活動

2　大島町の初動対応の状況（時系列）

＜ 10 月 15 日（火）＞

11 時 30 分：大島町に大雨・洪水注意報発表（強風・波浪注意報は既報）。

12 時 17 分：全職員に対して台風情報を周知。

13 時 05 分、09 分：防災行政無線を通じて、町民に暴風、高波に対する厳重な警戒と、港の駐車場に駐車中の車両の移動を呼び掛け。

16 時頃：町長、副町長がともに島外へ出張中で不在のため、教育長をトップに当日の配備態勢が検討され、「16 日 02 時、第 1 非常配備（課長級の職員、各出張所長等を動員）」が決定された。

16 時 07 分：総務課長から出張先の町長に、「16 日 02 時、第 1 非常配備」とすることを確認し、町長了承。その後、決定内容を出張先の副町長に連絡。

16 時 20 分：「16 日 02 時、第 1 非常配備」について職員へ周知。

17 時 05 分：防災行政無線を通じて、町民に暴風、高波に対する警戒を再度呼び掛け。

17 時 15 分：定時退庁時刻。18 時前には職員全員が退庁。

17 時 38 分：大島町に大雨警報（土砂災害・浸水害）が発表。

18 時 05 分：大島町に土砂災害警戒情報発表。発表内容やその後の気象状況は、東京都からファックスで何度も送信されたが、職員不在のため放置された。

21 時 21 分：大島町に暴風・波浪警報が発表。

第一章　近年の災害における初動対応とその課題

＜10月16日（水）＞

00時以降：職員が順次参集。

02時00分：第1非常配備態勢。本庁13名、浄水場2名、消防本部15名、消防団120名、各出張所19名、総勢169名が配備。

≪02時過ぎから少なくとも03時20分ごろまで大規模な土石流が発生≫

02時43分：最初の土石流に関する被害情報（神達地区において住宅が倒壊）が電話で入った。その後、町、消防本部、消防団、警察には、数多くの電話による被害情報や救助要請が寄せられるようになった。

02時57分：第2非常配備態勢（係長級の職員を動員）をとることが決定され、さらに03時14分には第3非常配備態勢（男子職員全員を動員）をとることになったため、職員への電話連絡も並行して行われた。

03時10分：大島警察署から町に対し、避難勧告の放送を促す趣旨の電話連絡。

03時15分：総務課長から出張先の町長に電話で状況を報告。この時点では情報が十分把握できておらず、避難勧告・指示などについてのやり取りはなかったとされている。

03時26分：大島警察署から、避難勧告を急ぐよう電話による督促。

03時35分：防災行政無線で「大金沢氾濫により危険な状態となっていますので、注意して下さい。」と放送。

04時頃：消防職員及び町職員計6名が、車で現場確認へ。元町橋付近の家屋の被災を確認するとともに、周辺家屋の住民を町役場へ避難誘導。

04時57分：総務課長から出張先の町長に再度電話連絡。自衛隊の派遣要請について、町長了承。

05時18分：教育長を本部長とする災害対策本部が設置。

14

05 時 30 分：消防長、消防団長なども出席した災害対策本部会議が開催。
09 時 00 分：町から東京消防庁に対し、協定に基づく応援要請。

3　初動対応に関する課題

①　発災当日の町長・副町長の所在

　10 月 15 日から 16 日にかけて台風の接近が予想される中、町長と副町長の島外への出張が重なっていたが、いずれも中止の判断はなされなかった。副町長は、町長・教育長のいずれかが対応可能であることから、町長よりも先（13 日）に予定通り出発した。一方、町長は翌 14 日午前の出発前に台風に関する情報を確認したうえ、通常通り台風対策を行えば対応できると判断し、予定通り出発した。これにより、発災当日は、災害対策本部の本部長である町長と、その第一代行順位である副町長が、同時に不在となった。

　また、町の地域防災計画では町長、副町長がともに不在の場合は、教育長が災害対策本部長を担うこととされていたが、町長の出発に際し、教育長への台風対策に関する明確な申し送り等はなされなかった。このため、職員の配備態勢や自衛隊の派遣要請等について、出張中の町長に電話で連絡し了承を得るという手順がとられた。

②　夜間の情報連絡・監視態勢

　15 日夕方に決定された職員の体制は「16 日 02 時、第 1 非常配備」であり、それまでの間は職員全員が一旦退庁することになった。これは、当日の午前 11 時に開催された気象庁の台風説明会の資料において、雨については警戒を要する時間帯はなく、風については 16 日 03 時〜 12 時が警戒を要する時間帯として示されていたためだと推定されている。

　町では、配備態勢の決定について明確な手順や組織的に判断する体制がなかったため、関係者が集まっての正式な打ち合わせの場は設けられず、

16日02時以前の態勢について各課の代表者や関係機関の意見等を踏まえた協議は行われなかった。なお、02時までの間に情報連絡・監視のための態勢はとらずに職員全員が一旦退庁することについては、出張先で連絡を受けた町長・副町長ともに、数名の職員が残るなど何らかの配備があるものと考えて、これを確認しなかった。

この態勢の決定後、気象状況は大きく変化し、15日17時38分、大島町に大雨警報が発表され、直後に東京都より防災行政無線の音声一斉送信機能を用いて大島町に伝達された。しかし、すでに総務課の職員は全員退庁し、防災行政無線のある総務課防災係の執務場所付近には職員がいなかったため、受信確認は行われなかった。

さらに、18時05分、大島町に土砂災害警戒情報が発表され、その4分後には東京都から防災行政無線ファックスで大島町に送付されたが、職員が不在のため放置された。

以上のような経緯で、気象状況の変化に対応するための、情報連絡・監視要員が配備されていなかったため、気象警報や土砂災害警戒情報が町に伝わらなかった。また、土砂災害警戒情報の発表等は報道されていたが、それに気付いた職員が事態の急激な変化に即して、自らの判断で緊急参集するなどの対応をとることはなかった。

なお、東京都（指令情報室）は大雨警報、土砂災害警戒情報が発表されている大島町役場に何度か電話を入れたが通じなかったことから、19時25分に大島支庁へ確認を依頼。大島支庁は町役場の宿直員から町役場に職員が不在である旨の情報を得て東京都に連絡したが、東京都はこれを了承したのみで、特段の対応はとられなかった。

③　発災前後の避難勧告・指示発令の判断

土砂災害発生の前後に、避難勧告・指示は発令されなかったが、次のような判断のタイミングがあった。

まずは、土砂災害警戒情報が発表された15日18時05分である。町

の地域防災計画では、避難勧告・指示の判断基準として「土砂災害警戒情報が発表され、町長が必要と判断した場合」と定められていた。しかしながら、前述のように東京都からファックスで送付された情報は、職員不在のため放置された。また、報道等で土砂災害警戒情報の発表を知った職員も、特段の対応はとらなかった。

　次に、16日00時以降、東京都から町に対し、「尋常ならざる状況になる危険性がある」（0〜1時頃、電話）、「降り始めからの雨量300mm超」（00時52分、ファックス）、「24時間雨量が400mm超」（01時45分、電話）という情報提供がなされ、参集してきた職員が情報を確認したものの、特段の対応はとられなかった。この間、大島町における降雨は急激に強まっており、町役場や出張所への避難を促すことは、逆に危険を増す可能性も否定できない。しかし、少なくとも大雨に関する情報を伝え、警戒・避難を呼びかけることで、就寝中の住民がこれに気付き、何らかの警戒対応や、緊急的な対応行動をとることができた可能性があるとされている。

　さらに、03時10分及び03時26分の2回にわたり、大島警察署から避難勧告を出すよう勧奨・督促があり、これを受けて、03時35分に注意を呼びかける放送が行われた。この間（03時15分）には、総務課長から出張先の町長に電話で状況報告がなされているが、避難勧告・指示などについてのやり取りはなかったとされており、警察署の勧奨する避難勧告ではなく注意の呼びかけとなった経緯の詳細は把握できなかったとされている。

④　関係機関との情報共有と被害状況の把握

　16日02時43分には、町に最初の土石流に関する被害情報（神達地区において住宅が倒壊）が電話で入り、その後、次々と情報が寄せられた。町では、これらの情報を消防本部、警察署に伝えて対応を依頼していた。

　一方で、消防本部、消防団、警察署には、同時に数多くの電話による被

第一章　近年の災害における初動対応とその課題

害情報や救助要請が寄せられていたが、町にごく一部の情報しか伝わって
いなかった。仮に関係機関と町との間で情報を共有することができれば、
より早く正確に被害状況が把握できた可能性がある。

　また、被害の全容がつかめていなくても、重大な被害が生じていると認
識できた段階で、東京都へ災害発生の第一報を行うなどの情報発信をする
ことが望ましかったとされている。

Ⅱ　平成27年常総市鬼怒川水害

　平成27年常総市鬼怒川水害の際の、常総市の初動対応とその課題について、主に常総市水害対策検証委員会の『平成27年常総市鬼怒川水害対応に関する検証報告書』（平成28年6月13日）に基づいて概観する。

1　降雨の状況と被害の概要

　平成27年9月9日（水）から11日（金）にかけ、台風第18号から変わった低気圧に向けて南から流れ込む湿った空気と、日本の東海上を北上していた台風第17号から流れ込む湿った風の影響により、多数の線状降水帯が次々と発生したことにより、関東地方と東北地方は記録的な大雨となった（「平成27年9月関東・東北豪雨」）。

　この豪雨によって、鬼怒川の常総市三坂町地先において約200mにわたり堤防が決壊し、大規模な浸水被害が発生した。これにより、常総市の

写真1-3　常総市の浸水状況

第一章　近年の災害における初動対応とその課題

図1－2　常総市における河川の氾濫状況

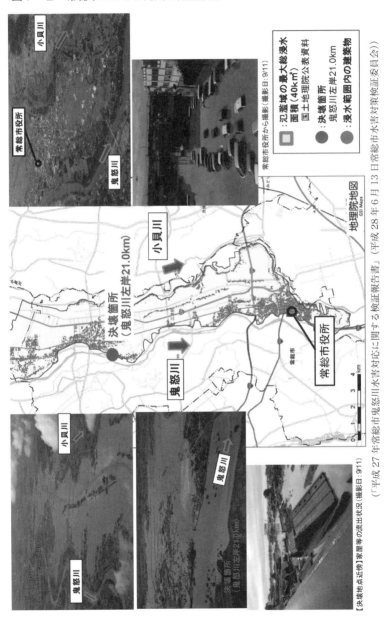

(「平成27年常総市鬼怒川水害対応に関する検証報告書」(平成28年6月13日常総市水害対策検証委員会))

写真1－4　埼玉県防災航空隊による救助活動

面積のおよそ3分の1にあたる約40km²が浸水し、死者2名、負傷者40名以上、全半壊家屋が5,000棟以上という甚大な被害になった。また、浸水域に取り残された4,000名以上の住民が救出され、このうちヘリコプターによる救助人数は1,339人に上った（**写真1－3、1－4、図1－2**）。

2　常総市の初動対応の状況（時系列）
＜9月9日（水）＞
17時00分頃：市の災害対応を担当する安全安心課が、雨による鬼怒川増水のため、警戒待機を開始。
22時54分：国土交通省下館河川事務所から市長に対し、「若宮戸で越水の可能性が高い」とホットラインで連絡。

＜9月10日（木）＞
00時10分：市役所本庁舎内に災害対策本部を設置。避難勧告・指示の

第一章　近年の災害における初動対応とその課題

　　　　　　発令対象区域や避難所（注1）を開設する施設について協議。

01 時 23 分：下館河川事務所から市長に対し、「水位上昇中、避難勧告を
　　　　　　行ってください」とホットラインで助言。

01 時 40 分：若宮戸を含む玉地区とその下流側で県道24号土浦境線以北
　　　　　　の地区に避難準備情報（注2）を発令。

02 時 06 分：下館河川事務所から市長に対し、「水位上昇中、避難指示
　　　　　　（注3）を出してください」とホットラインで助言。若宮戸付
　　　　　　近で氾濫が起きた場合の「浸水想定区域図」を市に送付。

02 時 20 分：各施設に派遣した職員から避難所開設の手配が整った旨の
　　　　　　連絡を受け、若宮戸を含む玉地区とその下流側で県道24号
　　　　　　土浦境線以北の地区に避難指示を発令。

04 時 00 分：石下地区の県道24号土浦境線以南の地区に避難勧告を発
　　　　　　令。

≪ 06 時頃：若宮戸で鬼怒川が溢水 ≫

08 時 30 分：茨城県に自衛隊の災害派遣を要請。

08 時 30 分：鬼怒川右岸（西側）の坂手町、内守谷町、菅生町の各一部
　　　　　　へ避難勧告を発令。

09 時 25 分：鬼怒川周辺の向石下、篠山の各一部に避難指示を発令。

09 時 30 分頃〜：国道354号線が鬼怒川にかかる豊水橋付近には相対的
　　　　　　に堤防高が低い区間があり、左岸（東側）で溢水の恐れが
　　　　　　生じたため、国道354号線南側の水海道地区に避難指示を
　　　　　　発令することを決定。

09 時 55 分：国道354号線南側の水海道地区に避難指示を発令、防災行
　　　　　　政無線で対象となる町名を放送。後の鬼怒川左岸堤防の決
　　　　　　壊地点近くの上三坂地区は災害対策本部の決定時には対象
　　　　　　範囲に含まれていたが、豊水橋より上流部のため対象地区
　　　　　　から外された。

10 時 10 分：向石下地区全域に避難指示を発令。

10 時 15 分頃：上三坂地区の住民から越水の危険性に関する通報を受け、三坂町への避難指示発令が検討され、上三坂、中三坂上、中三坂下という三つの地区（字単位）を避難指示の対象範囲として決定。

10 時 31 分頃：中三坂上、中三坂下の二地区に避難指示を発令（防災行政無線の放送原稿からは上三坂が漏れてしまい、中三坂上と中三坂下の二地区のみに避難指示を発令する旨の放送が行われた。）。

10 時 40 分：大輪町・羽生町に避難指示を発令。

11 時 55 分：鬼怒川右岸（西側）の坂手町、内守谷町、菅生町の各一部へ避難指示を発令（避難勧告からの切替）。

≪ 12 時 50 分頃：鬼怒川が三坂町の左岸（東側）で決壊≫

13 時 08 分：鬼怒川の決壊で、鬼怒川の東側には大量の外水が流れ込み、一気に浸水範囲が拡大することが懸念された。鬼怒川の東側で小貝川と挟まれた地域全域について、すでに避難勧告・指示の発令対象区域となっていた地区も含めて避難指示を発令。「鬼怒川が三坂地区において、決壊しました。鬼怒川東側の市民の方は、早急に鬼怒川西側に避難をしてください。」という放送を行った。

14 時ごろ：市役所石下庁舎が浸水。

＜9月11日（金）＞

02 時頃：市役所本庁舎が浸水。04 時頃、浸水により非常用電源停止。

3　初動対応に関する課題

①　災害対策本部における情報集約

　災害対策本部の置かれた庁議室にはテレビもなく、情報収集手段が貧弱であった。このため、本部メンバー各個人の携帯電話への通報や、庁議室

第一章　近年の災害における初動対応とその課題

に出入りする非要員の独自のパイプで得た情報に頼らざるを得なくなり、情報が錯綜した。一方、本来災害対策本部の事務局・参謀機能を担うべき安全安心課が、市民等からの電話が殺到したため、電話対応が受動的なものに終始し、もたらされた情報の集約・分析まで手が回らなかった。

　こうしたことから、災害対策本部には数多くの情報がもたらされるもの、それらは羅列されるばかりで、大判の地図上で集約を図るなどの全体的な情報集約と、総合的な分析が行われなかった。このため、市内の浸水や被害の全体状況が把握されず、災害対策本部内で状況認識の統一が図れなかったうえ、重要な情報が雑多な情報の中に埋もれてしまう一因となった。

②　防災関係機関との情報共有

　安全安心課では、災害が進展するにつれ市民等からの電話への対応に忙殺されるようになり、消防本部や消防団を含む防災関係機関への情報提供や活動状況等の動向把握までは手が回らなくなった。また、災害対策本部でも、入手した情報を各機関に提供するよう安全安心課に対し指示をした形跡は確認できなかった。このため、常総市と防災関係機関との間で情報共有が徹底されない事態が生じた。

　例えば、常総市には下館河川事務所から市長の携帯電話宛てにホットラインと称される情報が度々もたらされていたが、消防本部などにはその内容が常総市から伝えられることはなかった。このため、三坂町での鬼怒川決壊についても、消防本部には市からの通報はなく、消防本部側ではテレビや防災行政無線の放送でその事実を知る状況だった。一方で、水防活動に当たる消防団員は河川水位や漏水の状況などを把握していたが、こうした現場の情報は災害対策本部に届きにくかった。

　さらに、初期の数日間、警察、消防、自衛隊、茨城県、国土交通省等の関係各機関の連絡要員が災害対策本部会議に参加できなかったため、各機関の連絡要員経由での情報共有もできなかった。

Ⅱ 平成27年常総市鬼怒川水害

③ 避難指示等が発令の意思決定プロセスと発令のタイミング

　若宮戸溢水に備えた避難対策については、9月9日22時54分の国土交通省下館河川事務所から市長に対する、「若宮戸で越水の可能性が高い。避難勧告、避難指示の準備をしてください。」とのホットラインでの助言が契機となった。この助言を受け、10日00時10分に災害対策本部が設置され、避難対策について検討を開始したが、避難指示が発令されたのは、ホットラインを受けてから3時間以上経った02時20分であった。

　常総市では避難勧告・指示を発令するための基準となる想定状況や指標が設定されていなかったうえ、発令対象区域の決定に際し「常総市洪水ハザードマップ」が活用されなかったこともあり、判断・決定に当たって依拠すべき基準・材料に事欠いた。このため、避難勧告・指示の発令対象区域や避難所を開設する施設を決定する際には、災害対策本部会議のメンバーが各自頭の中で現地の地理を思い浮かべながら、口々に対象とすべき町名や施設名を挙げていき、また他の者がそれを補足して町名、施設名を追加し、最終的で結果をまとめるという流れで検討された。このように、災害対策本部内で対策立案とその確認・承認の役割分担がなく、メンバー全員が議論に参加して避難対策が立案されたため、対策決定に時間を要した。

　また、避難勧告・指示の発令には、避難所を開設し、避難準備が整ったことを確認することを前提とした。このことは、避難勧告・指示発令まで時間がかかる一因となった。

④ 避難勧告・指示の発令対象区域に関するの意思決定プロセス

　災害対策本部では、市内の浸水や被害の情報集約や避難対策の立案のために大判地図やハザードマップが用いられなかったため、もたらされた数多くの情報は地図上に整理されることはなく、各メンバーが口頭で挙げる町名を順次取り入れていく形で発令対象区域が決定された。加えて、発令

対象区域に対する避難所の受入準備が整ってから避難勧告・指示を発令しようとしたため、町名単位で逐次的に発令対象区域が決定された。この結果、局所的な避難勧告・指示が繰り返されることになり、広い範囲が一括して指定されることはなく、鬼怒川と小貝川に挟まれた浸水地域の多くで避難指示の発令は堤防決壊後になった（**図1−3**）。

また、災害対策本部と安全安心課は物理的に離れていた（災害対策本部が置かれた庁議室が庁舎3階西、安全安心課が2階東にあった。）ため、避難勧告・指示の決定事項を安全安心課に下命する際には、いちいち電話連絡や伝令役の職員が往復して口頭伝達を行わなければならず、情報内容の漏れ、取り違え、意図の誤解などのミスが生ずる一因となった。

一方、災害対策本部では対策立案とその確認・承認の役割分担がなく、全員対応によって避難対策が決定されたため、その内容の抜けや漏れのチェック機能が十分に働かなかった。その結果、10日10時15分頃に災害対策本部が決定した発令対象区域に含まれていた上三坂が放送原稿から漏れたまま、避難指示が発令された。

⑤　避難先の決定と広域避難

三坂町での鬼怒川決壊の直後、10日13時09分に「鬼怒川東側の市民の方は、早急に鬼怒川西側に避難をしてください。」という放送を行ったが、鬼怒川西側への避難は、増水した鬼怒川を渡る必要があり危険ではないかと思われ、また、橋での渋滞発生も予想された。

災害対策本部では、こうした懸念材料を考慮しながらも、鬼怒川西側には比較的標高の高いところに市の施設があり、安全に避難者を受け入れられると考えられたため、避難対策を市内で完結させられるよう、鬼怒川西側への避難を指示することが決定された。

しかし、結果的に鬼怒川東側地域の多くの住民は、鬼怒川の西側に移動するのでなく、市境を越えて周辺のつくば市、つくばみらい市、守谷市などの避難所に向かうことを選択した。常総市外への広域避難については、

Ⅱ 平成 27 年常総市鬼怒川水害

図1−3 常総市における避難勧告等の発令状況

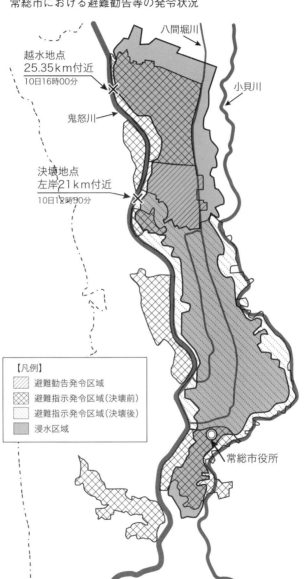

(「平成 27 年常総市鬼怒川水害対応に関する検証報告書」(平成 28 年 6 月 13 日 常総市水害対策検証委員会))

第一章　近年の災害における初動対応とその課題

そうした市民の動きが先行し、災害対策本部ではそれに追随する形で、自市からの避難者の受入要請に着手することになった。

⑥　住民への避難情報の伝達手段

　常総市から住民への情報伝達の手段は、防災行政無線の屋外スピーカー、緊急速報メール、Ｌアラート、ウェブサイトであった。避難勧告・指示等の避難情報は、防災行政無線で放送されたが、聞こえなかったという声が多数あった。

　一方、緊急速報メールは、決壊前に１回しか発信されず、決壊後は６回発信された。また、11回出した避難情報のうち、Ｌアラートに入力されたのは３回にとどまった[注4]。

　なお、ＮＨＫ放送文化研究所の行った世論調査によると、鬼怒川左岸の避難勧告・指示発令区域内の住民のうち、避難勧告・指示を「当日知った」人の割合は69％であった。「当日知った」人の情報入手の手段としては、「防災行政無線」が41％、「家族や知人から聞いた（電話・口頭）」が21％、「自治体や消防などからの連絡」が15％、「ＮＨＫテレビ」が10％であった。

28

III 平成 28 年台風第 10 号災害

　平成 28 年台風第 10 号災害の際の、岩泉町の初動対応とその課題について、主に『平成 28 年台風第 10 号災害を踏まえた課題と対策の在り方（報告）』（平成 28 年 12 月、避難勧告等の判断・伝達マニュアル作成ガイドラインに関する検討会）に基づいて概観する。

1　降雨の状況と被害の概要

　平成 28 年台風第 10 号は、8 月 30 日（火）18 時前に岩手県大船渡市付近に上陸した後、東北地方を通過し日本海で温帯低気圧に変わった。台風第 10 号の影響で岩手県宮古市、久慈市で 1 時間に 80mm の猛烈な雨となるなど、東北地方から北海道地方にかけての広い範囲で大雨となった。

　この大雨により、岩手県及び北海道などで河川が氾濫し、死者・行方不明者 27 名の人的被害が生じたほか、多数の住家被害や孤立集落が発生した。とりわけ、岩手県岩泉町では、小本川の氾濫により、認知症高齢者グループホーム「楽ん楽ん」で利用者 9 人全員が亡くなるなど、死者・行方不明者が 21 名に上った。このほか、「楽ん楽ん」と同一敷地の老人保健施設「ふれんどりー岩泉」の 2 階付近まで浸水、入所者及び職員は 3 階に避難し、防災ヘリによる施設屋上からの移送が実施された（**写真 1 − 5、1 − 6**）。

2　岩泉町と要配慮者利用施設の初動対応の状況（時系列）

＜8 月 30 日（火）＞

05 時 19 分：岩泉町に大雨警報を発表（雨のピークは 30 日夕方、3 時間
　　　　　　　最大雨量 130 mm）

09 時 00 分頃：町内全域に避難準備情報を発令し、あわせて避難場所を

第一章　近年の災害における初動対応とその課題

写真1-5　グループホーム上空からの被災状況

写真1-6　グループホームの内部

III　平成 28 年台風第 10 号災害

6 箇所開設。

10 時 16 分：岩泉町に大雨警報に加え、洪水警報発表。

14 時 00 分頃：安家地区の一部（小本川流域外）に避難勧告を発令。

15 時 00 分頃：災害対応を担当する町総務課では、上流域での被害状況の電話が入り始め、その対応に追われる状況になったため、対応する職員を 5 名から 10 名に増員。

16 時 40 分頃：【要配慮者^(注5) 利用施設】町からの状況確認の依頼を受け、理事が小本川の状況をビデオ撮影のうえ、役場に向かい報告。その時点では、理事は避難を開始する必要はないと判断。

16 時 47 分：盛岡地方気象台次長から「岩泉町では、50 年に一度に相当する記録的な大雨になっている。2～3 時間は強い雨が続く見込み。引き続き厳重な警戒をお願いする。」との電話連絡。

17 時 20 分頃：岩手県岩泉土木センターから「赤鹿水位観測所（小本川）では、30 日午後 5 時 20 分に氾濫注意水位 2.5 ｍを超過し、今後も上昇する見込みがあるので注意するように」との電話連絡。

17 時 30 分頃：【要配慮者利用施設】駐車場が浸水し始めていたため、理事は車を近くの高台に上げた後に「楽ん楽ん」の入所者を「ふれんどりー岩泉」に避難させようと考えた。車を高台に移動させている途中に、氾濫流でハンドルをとられたため、施設まで歩いて移動しようとしたが、氾濫流に飲み込まれた。

≪ 17 時 30 分頃：台風第 10 号が岩手県大船渡市付近に上陸≫

18 時 00 分頃：【要配慮者利用施設】「楽ん楽ん」では、急に水位が上がってきたため管理者が利用者をベッドの上等に誘導したものの、その後、大量の水が一気に流れ込んできた。管理者

は、水中で身動きが取れない中、怖くてベッドから降りて
きた利用者1名を抱きかかえ、柱にしがみついていた。

「ふれんどりー岩泉」では、1階（居室なし）から2階に
上がる階段の半ばまで水位が上がってきたため、2階にい
た入所者を3階に上げた。エレベーターが使用できなかっ
たため、階段により一人ずつ避難させた。避難完了は19時
頃。

19時45分頃：【要配慮者利用施設】「楽ん楽ん」の1階が水没（天井近
くの時計がこの時刻で停止）。

20時25分頃：町役場が停電。住民への情報伝達も困難な状況になった。

3 初動対応に関する課題
① 避難準備情報の趣旨の伝達

　町は、8月30日夜にかけて台風が上陸するという予報を踏まえ、早め
の避難行動を促すため、当日の朝9時頃に避難準備情報を発令したが、そ
の際、要配慮者が避難すべき段階であることを伝達できていなかった。こ
のため、被災した要配慮者利用施設の管理者はIP告知システムにより、
避難準備情報の発令を把握していたが、要配慮者の避難開始が求められて
いることを認識していなかった。

　また、避難準備情報の発令以降、台風の接近に伴い風雨が強まっていく
状況において、町から小本川の氾濫域に対して災害に関する注意喚起等が
行われず、町民に危険性が伝わっていなかった。

② 平時における小河川のリスク情報の周知

　小本川は水位周知河川等に指定されておらず、浸水想定区域図も公表さ
れていないことから、町や住民は氾濫域における水害の危険性について詳
細が分からず、避難の対象となる範囲が明確ではなかった。

　要配慮者利用施設の管理者についても、30日16時40分に小本川の状

況を確認したものの、5年前の台風の浸水被害実績から、水位の上昇には
まだ時間があると判断。浸水深も深くはならないと思ってしまった。

このため、17時30分には駐車場が浸水し始めたことを確認したものの、
まずは車を近くの高台に上げ、その後に「楽ん楽ん」の入所者を同一敷地
内の「ふれんどりー岩泉」に避難させると判断した。また、帰宅時の安全
性を考慮し、日勤職員を早めに返した。

しかし、要配慮者利用施設への浸水は、始まりだしてから一気に深くな
った。浸水開始後すぐに「ふれんどりー岩泉」内での上階への移動がやっ
とという状況になり、人的被害の発生した「楽ん楽ん」から隣の「ふれん
どりー岩泉」までの移動もできなくなった。

③ **在宅の避難行動要支援者に対する避難行動支援**

在宅の避難行動要支援者[注6]については、避難行動要支援者名簿を作
成していたが、安否確認のためのみに使用されており、その本来の目的で
ある「避難行動を支援する」ということが町から住民に十分周知されてお
らず、活用されなかった。

在宅の避難行動要支援者の支援に当たって、町において誰がどのような
手段で支援するのかといったことが具体化されていなかった。さらに支援
される側と比較して、支援する側が量的に不足する状況にあり、町全体で
の支援体制をどのようにするのか、決まっていなかった。

④ **小本川の水害に係る避難勧告発令の判断**

町の地域防災計画では、小本川の水害に係る避難勧告の基準として、
「赤鹿水位観測所の水位が2.5mに達し、さらに、種倉、山岸で累積加算
雨量80mm以上の降雨予想」と定められていた（**図1−4**）。

町は、30日17時20分頃に岩手県から小本川の水位の通報があった時
点で、避難勧告の発令基準に達したことを認識した。しかしながら、総務
課では、住民から寄せられる災害発生情報等への対応に追われて、県から

の河川水位、気象台からの雨量予測の電話連絡等の情報共有は総務課内にとどまり、避難勧告の発令基準に達した事実も町長に報告されなかった。

また、小本川の水位計については、役場や被災施設よりも下流に1か所（赤鹿水位観測所）あるのみであり、上流側の水位を参考にして避難タイミングを設定することは困難な状態であった。加えて、現行の発令基準としてから、小本川において避難勧告・指示を発令した経験がなかったこともあり、結果として、避難勧告は発令されなかった。

なお、発令基準の作成にあたっては、河川管理者の助言を求めておら

図1-4　小本川の水害に係る避難勧告の基準

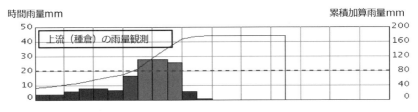

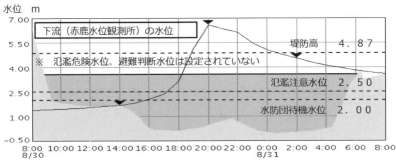

（「台風第10号に係る対応状況及び地域の防災体制の再点検について」
（消防庁国民保護・防災部防災課））

ず、小本川の河川特性（急激に水位が上昇）を十分に踏まえたものとなっていなかったおそれがある。

⑤　住民への避難情報の伝達手段

　町は住民への情報伝達手段として、IP告知システムを導入していたが、以前の災害時に緊急放送（サイレン鳴動）をして苦情があったことや、集落単位等の絞り込みで伝達できるにもかかわらず町内全域に一斉伝達する設定をしていたことから、安家地区への避難勧告発令時に緊急放送を躊躇し、通常の放送で伝達した。

　緊急速報メールについては、IP告知システムで緊急放送をすると自動的に流れるように設定されていたため、緊急放送を使わなかった今回の災害では活用されなかった。また、同報系の防災行政無線は、設置数が少なく町全域を網羅できていないことや、事前にマニュアル等を準備していなかったことから、十分活用できなかった。さらに、原因が不明であるが、自動配信されるはずであったSNSも配信されなかった。

(注1)　「避難所」は一定期間滞在して避難生活を送るための施設であり、危険が切迫した状況において緊急に避難する際の避難先である「避難場所」とは区別される。災害対策基本法においても、平成25年6月の改正により、「指定緊急避難場所」及び「指定避難所」に関する規定が設けられた。

　　　一方で、「避難所」と「避難場所」を兼ねている施設もあり、市町村によっては両者の名称を明確に区別していない場合もある。このため、過去の災害等に関する記述においては、緊急の避難先であっても、当該市町村において「避難所」という名称が用いられている場合には、そのままの名称を用いることとする。以下同じ。

(注2)　避難準備情報は、高齢者等が避難を開始する段階であるということを明確にするため、平成28年12月26日付で「避難準備・高齢者

第一章　近年の災害における初動対応とその課題

　　等避難開始」に名称変更されたが、過去の災害に関する記述において
　　は、発災時の名称を用いる。以下同じ。
(注3) 避難指示は、平成28年12月26日付で「避難指示（緊急）」に名称
　　変更されたが、過去の災害に関する記述においては、発災時の名称を
　　用いる。以下同じ。
(注4)『鬼怒川決壊　常総市の住民はどのように避難したのか？』入江さや
　　か（「放送研究と調査」2016.8）による。
(注5) 要配慮者は、高齢者、障害者、乳幼児その他の特に配慮を要する人を
　　いう。
(注6) 避難行動要支援者は、要配慮者のうち、災害発生時の避難等に特に支
　　援を要する人をいう。平成25年6月の災害対策基本法の改正によ
　　り、「避難行動要支援者名簿」の作成の義務付け等が規定される以前
　　は、「災害時要援護者」という名称が用いられていた。

第二章　市町村の災害初動対応と「事前の備え」

I　大規模災害の初動時に求められる対応

1　防災気象情報等の収集・分析、住民への伝達

(1)　防災気象情報等の収集・分析

　自然災害発生のおそれがある場合、まずは防災気象情報等を収集・分析することが、適時的確な初動対応の前提となる。気象庁や都道府県等が発表する気象警報・特別警報、土砂災害に関するメッシュ情報、指定河川洪水予報等に加え、雨量情報、河川水位、潮位の観測情報、周辺の災害発生状況などよりきめ細かな情報をリアルタイムに収集・分析し、避難勧告等の判断につなげていかなければならない。加えて、山間部の中小河川など、水害の危険性の高い中小河川については、集中豪雨等により急激に水位が上昇する傾向があることから、河川水位等の現地情報を把握するため、水位計や監視カメラ等の設置を検討する必要がある。

　また、土砂災害については、斜面のひび割れ、湧き水・地下水の濁り、渓流の水量の変化など前兆現象を把握することが、避難勧告等の適時的確な発令につながる。このため、職員や消防団等による巡視体制や、住民モニター等からの通報体制を整備しておくことが望まれる。

37

第二章　市町村の災害初動対応と「事前の備え」

(2)　防災気象情報等の住民への伝達

　大規模な災害の発生が想定される場合は、早め早めに防災気象情報等を住民に伝え、警戒を呼びかける必要がある。特に気象警報・特別警報等大きな被害をもたらす災害の予告に当たる重要な防災気象情報については、あらゆる情報伝達手段を用いて、時機を失することなく住民に伝達しなければならない。

　また、台風による水害のようにリードタイムが比較的長い災害においては、切迫した状況で避難勧告等を発令するだけでなく、早い段階から事態の進展に応じて、防災気象情報や河川水位のほか、今後の避難勧告等発令の見通し、考えられる避難行動等を逐次伝達することにより、住民に危機意識を共有してもらうことが重要である。

台風接近に伴う警戒の呼びかけ例（豊岡市）

■台風19号情報（防災行政無線放送2回目）平成26年10月10日
　（金）19:30放送
（土砂災害への警戒）
　（略）台風19号の接近に備え、土砂災害への警戒についてお伝えします。（略）土砂災害は、一旦発生すると一瞬で人の命を奪ってしまうことから、早め早めに避難行動を取ることが必要です。徐々に水位が上昇する洪水と違って、土砂災害の危険度は一気に高まります。そのため、場合によっては、指定避難所の開設が間に合わなくても避難勧告等を発令します。このときは、該当地域の皆さんは、直ちに命を守る行動を取ってください。命を守る行動とは、指定避難所への避難だけでなく、ご近所、ご親戚への避難、またご自宅2階の山から離れた部屋で過ごすなど、とにかく少しでも山から離れることが必要です。（略）

I　大規模災害の初動時に求められる対応

（「今後の水害及び土砂災害に備えた地域防災体制の再点検結果等」平成 28 年 12 月 20 日
　消防庁）

■台風 19 号情報（防災行政無線放送 3 回目、4 回目）平成 26 年 10
　月 11 日（土）13:00、19:00 放送
　（略）台風 19 号の接近に備え、あらかじめ市が発令する避難情報
の意味についてお伝えします。市は、危険度が高まるのに合わせ、
「避難準備情報」「避難勧告」「避難指示」の順番に、どれくらい危険
かを皆さんにお伝えします。市は、まず最初に避難準備情報を発令し
ます。これは今後、避難勧告を出すかもしれないという予告で、市民
の皆さんに避難の準備を求めるものです。特に避難に時間のかかる要
援護者の方などは、できるだけこの段階での避難をお願いします。次
に市は、避難勧告を発令します。これは、対象地域で災害の危険性が
高まったため、その地域の方に避難を求めるものです。最後に市は、
避難指示を出します。これは危険が迫っています、直ちに避難を完了
してくださいという意味です。(略)

（「平成 28 年台風第 10 号災害を踏まえた課題と対策の在り方（報告）」平成 28 年 12 月）

■台風 19 号情報（防災行政無線放送 8 回目）平成 26 年 10 月 13 日
　（月・祭）15:50 放送
（水害への警戒）
　（略）豊岡市では、台風の接近に伴い雨がしだいに強まっています。
現時点では、円山川など主要河川の水位も余り上昇しておらず、まだ
避難準備情報を出す段階にありませんが、今後日暮れから深夜にかけ
て、一時間に最大 40mm〜 60mm の非常に激しい雨が降り続くこと
が予測されており、土砂災害等の危険性が高まってきます。豊岡地域
では、夜間の避難が不安な方のために、明るいうちに自主避難できる

39

第二章　市町村の災害初動対応と「事前の備え」

よう次の施設を自主避難所として開設しましたのでご利用ください。市が開設している自主避難所は、豊岡地区公民館、八条地区公民館、三江地区公民館、ＪＡたじま農業センター、中筋小学校、神美地区公民館、五荘小学校、五荘地区公民館大浜分館、田鶴野小学校、奈佐地区公民館、豊岡北中学校です。自主避難のおりには、非常食・飲料水、常備薬などの非常持ち出し品を携行いただくようお願いします。

　なお、今後、災害が発生する危険性が高まったときは、例え深夜であっても、防災行政無線から大音量で「避難準備情報」「避難勧告」「避難指示」の順に情報を流しますことをご承知ください。

（「今後の水害及び土砂災害に備えた地域の防災体制の再点検結果等」平成 28 年 12 月 20 日消防庁）

2　避難勧告等の発令

(1)　「見送り」よりも「空振り」

　避難勧告、避難指示（緊急）、それに先立つ避難準備・高齢者等避難開始の発令は、被害の拡大を防止するうえで市町村長の最も重要な責務であるが、同時に最も難しい判断を迫られる責務でもある。避難勧告等の発令は被害が生じてしまってからでは遅いため、防災気象情報等による被害発生の予測をもとに、時間的余裕をもって発令するのが基本である。

　特に、大規模な河川氾濫が予想される場合等には、内水氾濫による通行規制や避難に伴う交通渋滞も考慮に入れて、避難に必要なリードタイムを確保する必要がある（図2－1）。このため、災害発生までの時間が長くなれば予想精度が下がってしまうという問題があるものの、出来るだけ前もって避難勧告等発令の判断をすることが求められる。

　一方で、土砂災害や竜巻等については、発生予測の的中率が低く、発生のタイミング、場所等の予測精度が低いため、発令の判断が難しい。早め

の段階で避難勧告等を発令すれば、その分「空振り」が多くなってしまい、住民に「どうせ当たらない」ときちんと受け止めてもらえず、具体的な行動につながらなくなるおそれがある。とはいえ、「空振り」を恐れるあまり時機を失してしまい、「見送り」になることは避けなければならない。

内閣府（防災）と消防庁が、平成26年4月〜11月の間に避難勧告等を発令した392市町村を対象にしたアンケート調査結果によると、
・土砂災害を対象にした避難勧告等：440ケース
・うち災害が発生：192ケース（災害発生前に発令105ケース、災害発生後に発令78ケース）
・うち災害が発生しなかった：246ケース
となっている。確かに避難勧告等を発令しても災害が発生しなかったケース（「空振り」）も多いが、何よりも重要なのは、災害が発生した時点で避難勧告等が発令されていないケース（「見送り」）を少なくしていくことで

図2－1　「立ち退き避難に要する時間」と「避難に充てることのできる時間」の関係

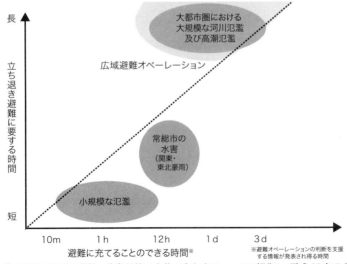

（「水害時における避難・応急対策の今後の在り方について(報告)」平成28年3月
中央防災会議 防災対策実行会議水害時の避難・応急対策検討ワーキンググループ）

第二章　市町村の災害初動対応と「事前の備え」

はないか。判断に迷うような事態に直面した場合でも、市町村長には、最悪の事態を想定し、住民の命を守ることを最優先して「空振り」を恐れず判断することが求められる。

(2)　具体的でわかりやすい避難勧告等の判断基準の設定

　避難勧告等を適時適切に発令するためには、具体的で分かりやすい判断基準を設定しておくことが有効である。洪水については河川水位や予想降雨量、土砂災害については土砂災害警戒情報の発表、高潮災害については高潮警報の発表や潮位、津波災害については大津波警報の発表など、災害の種類ごとにできる限り客観的な基準を設けるべきである[注1]。「○○のおそれがある場合」、「町長が必要と認めた場合」などの曖昧な判断基準では、いざとなった時に判断に迷い、時機を失してしまう可能性がある。

a　洪水の場合

　洪水に係る避難勧告等の発令基準としては、河川水位の実況値が最も基本的な判断材料となる。このため、水位の実況値が避難判断水位に到達した場合には避難準備・高齢者等避難開始、氾濫危険水位に到達した場合には避難勧告、決壊や越水・溢水が発生した場合には避難指示(緊急)を発令することが基本となる。

　加えて、急激な水位上昇をとらえて前もった対応ができるようにしたり、氾濫発生の前に一定の猶予期間を確保したりするために、その後の水位上昇の見込みに関する情報を組み合わせることが有効である。

　洪水予報河川[注2]については、水位上昇の見込みを判断する際に水位予測を活用できる。このため、例えば避難勧告の判断基準として、「水位が氾濫危険水位に到達した場合」に加えて、「水位予測により水位が堤防天端高（又は背後地盤高）を越えることが予想される場合」などを設定することが考えられる。

　水位周知河川[注3]については、上流の水位や雨量情報を活用して、そ

42

の後の水位上昇のおそれを把握することになる。このため、例えば、避難勧告の判断基準として、「水位が氾濫危険水位に到達した場合」に加えて、「水位が氾濫注意水位（又は避難判断水位）を越え、かつ、上流の水位が急激に上昇している場合」や「水位が氾濫注意水位（又は避難判断水位）を越え、かつ、流域雨量指数の予測値が洪水警戒基準を大きく超過する場合」などを設定することが考えられる。

　その他の河川についても、平成28年台風第10号災害で、洪水予報河川等に指定されていなかった河川が氾濫し大きな人的被害が生じたことを踏まえ、山間部等の流れの速い河川沿いに家屋があるなど、地形的・社会的な条件から住民の生命・身体に危険が生じるおそれが場合には、避難勧告等の発令基準の策定に努めるべきである（**図2－2**）。一方で、その他の河川では一般に氾濫危険水位、避難判断水位等が設定されていないなど、洪水予報河川等に比べて得られる情報が少ない。このため、「河川ライブカメラや量水標」、「堤防等から異常な漏水が発見された場合などの現地情報」を判断基準とするなど、河川特性に合わせた独自の基準が必要となる（**表2－1**）。

図2－2　避難勧告等の発令基準の策定状況

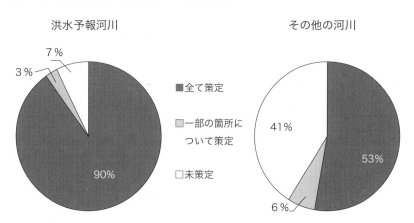

（「今後の水害及び土砂災害に備えた地域の防災体制の再点検結果等」平成28年12月20日消防庁）

第二章　市町村の災害初動対応と「事前の備え」

表2－1　避難勧告を発令する際の定量的な判断基準の設定状況（水害）

（＊複数回答可）

	洪水予報河川		水位周知河川		その他の河川	
	市町村数	割合	市町村数	割合	市町村数	割合
河川等水位	672	96.3%	805	97.3%	566	76.1%
洪水予報	503	72.1%	417	50.4%	299	40.2%
雨量	383	54.9%	479	57.9%	442	59.4%
気象警報・注意報等	383	54.9%	470	56.8%	452	60.8%
特別警報	264	37.8%	280	33.9%	264	35.5%
前兆現象	398	57.0%	472	57.1%	401	53.9%
決壊や越水	240	34.4%	249	30.1%	271	36.4%
その他	95	13.6%	114	13.8%	180	24.2%

（「今後の水害及び土砂災害に備えた地域の防災体制の再点検結果等」
平成 28 年 12 月 20 日消防庁）

　また、避難勧告等の発令対象区域も、各河川の洪水浸水想定区域[注4]
を参考に、その他の河川については地形や過去の浸水実績等を踏まえ、あ
らかじめ設定しておく必要がある。その場合、発令対象区域を細分化しす
ぎるとかえって住民等にとってわかりにくくなることもあるため、命を脅
かす洪水のおそれのある範囲をまとめて発令するのが望ましい。

洪水予報河川に係る避難勧告等の判断基準の設定例

【避難準備・高齢者等避難開始の判断基準の設定例】
　1～4のいずれかに該当する場合に、避難準備・高齢者等避難開始
を発令することが考えられる。
　1：指定河川洪水予報により、A川のB水位観測所の水位が避難
　　　判断水位である○○mに到達したと発表され、かつ、水位予測
　　　において引き続きの水位上昇が見込まれている場合
　2：指定河川洪水予報の水位予測により、A川のB水位観測所の
　　　水位が氾濫危険水位に到達することが予想される場合（急激な

水位上昇による氾濫のおそれのある場合）

3：軽微な漏水・侵食等が発見された場合

4：避難準備・高齢者等避難開始の発令が必要となるような強い降雨を伴う台風等が、夜間から明け方に接近・通過することが予想される場合

【避難勧告の判断基準の設定例】

1～4のいずれかに該当する場合に、避難勧告を発令することが考えられる。

1：指定河川洪水予報により、A川のB水位観測所の水位が氾濫危険水位である○○mに到達したと発表された場合（又は当該市町村・区域の危険水位に相当する○○mに到達したと確認された場合）

2：指定河川洪水予報の水位予測により、A川のB水位観測所の水位が堤防天端高（又は背後地盤高）を越えることが予想される場合（急激な水位上昇による氾濫 のおそれのある場合）

3：異常な漏水・侵食等が発見された場合

4：避難勧告の発令が必要となるような強い降雨を伴う台風等が、夜間から明け方に接近・通過することが予想される場合

※4については、対象とする地域状況を勘案し、基準とするか判断すること

【避難指示（緊急）の判断基準の設定例】

1～4のいずれかに該当する場合に、避難指示（緊急）を発令することが考えられる。

1：決壊や越水・溢水が発生した場合

2：A川のB水位観測所の水位が、氾濫危険水位である（又は当該市町村・区域の危険水位に相当する）○○mを越えた状態で、

第二章　市町村の災害初動対応と「事前の備え」

　　指定河川洪水予報の水位予測に より、堤防天端高（又は背後地
　　盤高）である○○mに到達するおそれが高い場合（越水・溢水
　　のおそれのある場合）
　３：異常な漏水・侵食の進行や亀裂・すべり等により決壊のおそ
　　れが高まった場合
　４：樋門・水門等の施設の機能支障が発見された場合（発令対象
　　区域を限定する）

（「避難勧告等に関するガイドライン」内閣府(防災担当)平成29年1月）

その他の河川（洪水予報河川及び水位周知河川以外の河川）に係る避難勧告等の判断基準の設定例

【避難準備・高齢者等避難開始の判断基準の設定例】
　１～３のいずれかに該当する場合に、避難準備・高齢者等避難開始
を発令することが考えられる。
　１：A川のB水位観測所の水位が○○m（水防団待機水位等）に
　　到達し、次の①～③のいずれかにより、引き続き水位上昇のお
　　それがある場合
　①　B地点上流の水位観測所の水位が上昇している場合
　②　A川の流域雨量指数の予測値が洪水警報基準に到達する場
　　合
　③　B地点上流で大量又は強い降雨が見込まれる場合（実況雨
　　量や予測雨量において、累加雨量が○○mm以上、または時間
　　雨量が○○mm以上となる場合）
　２：軽微な漏水・侵食等が発見された場合
　３：避難準備・高齢者等避難開始の発令が必要となるような強い
　　降雨を伴う台風等が、夜間から明け方に接近・通過することが

予想される場合

※1については、河川の状況に応じて①〜③のうち、適切な方法を一つまたは複数選択すること

※水位を観測していない場合、1の代わりとして、洪水警報の発表に加え、さらに上記の②または③を参考に目安とする基準を設定して発令することが考えられる。

【避難勧告の判断基準の設定例】

1〜3のいずれかに該当する場合に、避難勧告を発令することが考えられる。

1：A川のB水位観測所の水位が○○m（氾濫注意水位等）に到達し、次の①〜③のいずれかにより、引き続き水位上昇のおそれがある場合

① B地点上流の水位観測所の水位が上昇している場合

② A川の流域雨量指数の予測値が洪水警報基準を大きく超過する場合

③ B地点上流で大量又は強い降雨が見込まれる場合（実況雨量や予測雨量において、累加雨量が○○mm以上、または時間雨量が○○mm以上となる場合）

2：異常な漏水・侵食等が発見された場合

3：避難勧告の発令が必要となるような強い降雨を伴う台風等が、夜間から明け方に接近・通過することが予想される場合

※1については、河川の状況に応じて①〜③のうち、適切な方法を一つまたは複数選択すること

※3については、対象とする地域状況を勘案し、基準とするか判断すること

※水位を観測していない場合や基準となる水位の設定ができない場合には、1の水位基準に代わり、上記②または③を参考に目

第二章　市町村の災害初動対応と「事前の備え」

安とする基準を設定し、カメラ画像や水防団からの報告等を活
用して発令する。

【避難指示（緊急）の判断基準の設定例】

1～4のいずれかに該当する場合に、避難指示（緊急）を発令するこ
とが考えられる。

1：決壊や越水・溢水が発生した場合

2：A川のB水位観測所の水位が堤防高（又は背後地盤高）であ
　　る○○mに到達するおそれが高い場合（越水・溢水のおそれの
　　ある場合）

3：異常な漏水・侵食の進行や亀裂・すべりの発生等により決壊
　　のおそれが高まった場合

4：樋門・水門等の施設の機能支障が発見された場合（発令対象
　　区域を限定する）

（「避難勧告等に関するガイドライン」内閣府(防災担当)平成29年1月）

b　土砂災害の場合

　土砂災害については、土砂災害警戒情報の発表をもって避難勧告発令の
判断基準とすることが基本となる。土砂災害警戒情報は、大雨による土砂
災害発生の危険度を降雨に基づいて判定するもので、過去に災害が発生し
た時と同程度に土砂災害の危険が迫った状況で発表される。その災害捕捉
率 [注5] は75% [注6] で、「見送り」をなくすうえで最も重要な情報といえ
る。

　一方で、土砂災害警戒情報については、災害発生率 [注7] が3.5% [注6]
となっていることから、直接的な発令のトリガーとせずに、雨量や気象予
測も加味しながら発令の判断をする市町村も見られる。しかしながら、こ
れだと「空振り」は減るかも知れないが、「見送り」のリスクも高まるこ

Ⅰ　大規模災害の初動時に求められる対応

とになる。このため、土砂災害警戒情報が発表された場合には、速やかに避難勧告等を発令することを原則とすべきである。

　この場合、土砂災害警戒情報を避難勧告等発令のトリガーとする旨を住民に事前に十分周知するとともに、発表の基準や「空振りもあり得ること」についても説明しておくことにより、どのような避難行動をとるか住民自ら判断できるようにすることが重要である。

　また、土砂災害警戒情報が災害発生前に発表されないケースもあること（災害捕捉率が100％ではないこと）を踏まえ、「前兆現象が発見された場合」や「大雨警報が発表されている状況で、記録的短時間大雨情報が発表された場合」等も、避難勧告等の判断基準に加えておく必要がある（**表2－2**）。

　土砂災害に係る避難勧告等の発令対象区域については、受け取った住民が危機感を持ち適時適切な避難行動につなげられるようにする観点から、危険度に応じて出来るだけ絞り込んだ範囲とすることが望ましい。このため、土砂災害に関するメッシュ情報において危険度が高まっているメッシュと重なった土砂災害（特別）警戒区域^(注8)や土砂災害危険箇所^(注9)を

表2－2　避難勧告を発令する際の定量的な判断基準の設定状況（土砂災害）

	土　砂　災　害	
	市町村数	割　合
雨量	769	59.7％
土砂災害警戒判定メッシュ情報	974	75.6％
土砂災害警戒情報	1,224	95.0％
気象警報・注意報等	897	69.6％
特別警報	436	33.9％
前兆現象	1,086	84.3％
土砂災害の発生	384	29.8％
その他	191	14.8％

（「今後の水害及び土砂災害に備えた地域の防災体制の再点検結果等」
平成28年12月20日消防庁）

第二章　市町村の災害初動対応と「事前の備え」

対象区域とすることが基本となる。また、状況に応じて、その周辺地域を含めて避難勧告等を発令することも検討すべきである。

土砂災害に係る避難勧告等の判断基準の設定例

【避難準備・高齢者等避難開始の判断基準の設定例】

　１～３のいずれかに該当する場合に、避難準備・高齢者等避難開始を発令することが考えられる。

　１：大雨警報（土砂災害）が発表され、かつ、土砂災害に関するメッシュ情報で「実況または予想で大雨警報の土壌雨量指数基準に到達」する場合

　２：数時間後に避難経路等の事前通行規制等の基準値に達することが想定される場合

　３：大雨注意報が発表され、当該注意報の中で、夜間～翌日早朝に大雨警報（土砂災害）に切り替える可能性が高い旨に言及されている場合

　注１　上記１～３以外についても、雨量と土砂災害発生との関係に関する知見等に基づき設定が可能な場合は、市町村内の雨量観測地点や土砂災害危険箇所等で既に累加雨量が一定量を超え、その時点以降に降雨の継続が予想される場合も、判断基準として設定してもよい。

　注２　土砂災害に関するメッシュ情報は最大２～３時間先までの予測である。このため、上記の判断基準例１において、要配慮者の避難行動完了までにより多くの猶予時間が必要な場合には、土砂災害に関するメッシュ情報の格子判定が出現する前に、大雨警報（土砂災害）の発表に基づき避難準備・高齢者等避難開始の発令を検討してもよい。

Ⅰ　大規模災害の初動時に求められる対応

【避難勧告の判断基準の設定例】

1～4のいずれかに該当する場合に、避難勧告を発令することが考えられる。

1：土砂災害警戒情報が発表された場合

2：土砂災害に関するメッシュ情報で「予想で土砂災害警戒情報の基準に到達」する場合

3：大雨警報（土砂災害）が発表されている状況で、記録的短時間大雨情報が発表された場合

4：土砂災害の前兆現象（湧き水・地下水の濁り、渓流の水量の変化等）が発見された場合

注　上記1～4以外についても、雨量と土砂災害発生との関係に関する知見等に基づき設定が可能な場合は、市町村内の雨量観測地点や土砂災害危険箇所等で既に累加雨量が一定量を超え、その時点以降に降雨の継続が予想される場合も、判断基準として設定してもよい。

【避難指示(緊急)の判断基準の設定例】

1～5のいずれかに該当する場合に、避難指示(緊急)を発令することが考えられる。

1：土砂災害警戒情報が発表され、かつ、土砂災害に関するメッシュ情報で「実況で土砂災害警戒情報の基準に到達」した場合

2：土砂災害警戒情報が発表されており、さらに記録的短時間大雨情報が発表された場合

3：土砂災害が発生した場合

4：山鳴り、流木の流出の発生が確認された場合

5：避難勧告等による立退き避難が十分でなく、再度、立退き避難を居住者等に促す必要がある場合

（「避難勧告等に関するガイドライン」内閣府(防災担当)平成29年1月）

第二章　市町村の災害初動対応と「事前の備え」

(3)　避難勧告等発令と避難場所の開設

　前記2（1）のアンケート調査結果によると、土砂災害を対象とした避難勧告等の発令時に、ほぼ全てのケース（96％）で避難場所が開設されており、避難場所の開設を待って発令しているケースが多いと考えられる。しかしながら、ゲリラ豪雨に伴う土砂災害などリードタイムのない災害では、避難場所の開設を待っていれば、避難勧告等発令のタイミングを逃しかねない。

　このため、急を要する場合には、指定緊急避難場所が開設されていなくても、躊躇なく避難勧告等を発令すべきである。この際、3（2）で述べるように、既に大雨になっているなど外が危険な場合には、屋内安全確保も合わせて呼びかける必要がある。なお、避難場所については、行政職員の到着を待たずとも、自主防災組織などの地域住民が解錠するなどにより、より迅速に開設できるようにすべきである。

　一方で、台風による水害などリードタイムの長い災害において、夜中に避難勧告等の発令が予想される場合などは、安全に避難できるよう早めに避難場所を開設したうえ、日中のうちに避難準備・高齢者等避難開始を発令することも検討すべきである。とりわけ要配慮者に対しては、避難に時間を要することを考慮し、早めの対応が必要である。

　なお、自らの市町村内の指定緊急避難場所への移動が危険を伴う場合や、地域内での避難場所の確保が困難な場合には、近隣市町村に避難場所を確保することも検討する必要がある。その場合には、近隣市町村と協力して、避難場所開設の際の連絡・調整の手順等について予め定めておくと良い。

I　大規模災害の初動時に求められる対応

3　避難行動の呼びかけ

(1)　避難勧告等の住民への伝達

　避難勧告等を発令する場合は、直ちにあらゆる手段を用いて伝達し、住民の円滑な避難行動に結びつけて行かなければならない（**図２−３**）。この際、危機が迫り急を要する場合には、防災行政無線等を活用し、市町村長自ら住民に避難行動を呼びかけることも、住民に危機感を伝えるうえで効果的である。

～知らなかった、『人は逃げない』～

　平成16年の台風23号での避難勧告の伝え方には、失敗した。防災行政無線で流す際に、「冷静に原稿を読め」と言ってしまった。聞いた人に、事態を冷静に対処してもらう必要があり、お年寄りが慌てて行動すると骨を折って寝たきりになったりしないようにと考えた。そうしたら、緊迫感が伝わらなくなってしまった。冷静な言葉だけで放送してはいけなかった。大変な事態が起きているのに、避難所に来る人がいっこうに増えない。なぜ逃げないのかという思いが非常にあった。

　災害の前には、人は逃げないということを知らなかった。災害心理学の本を読んで、人間の心に危険を過小評価して心の平穏を保とうとする強い働きがあると知り、「なんだ、そんなことだったのか」と思った。災害時に人間はどう行動するのか、基本的な認識を欠いていた。

　いまは、まず、緊迫感のある言葉を言って、そのあと冷静に詳しい内容を伝えるという方法に変えた。

（台風災害に対応した○○市長の言葉）

（「市町村長による危機管理の要諦−初動対応を中心として−」消防庁）

第二章　市町村の災害初動対応と「事前の備え」

図２−３　平成27年常総市鬼怒川水害における避難指示等の入手手段（複数回答）

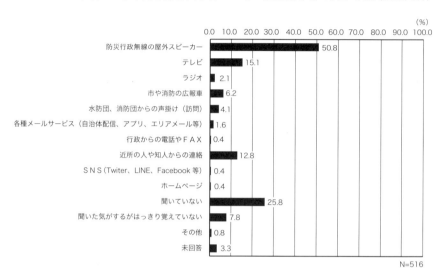

（「鬼怒川洪水時の浸水・避難状況に関するヒアリング調査結果」中央大学理工学部河川・水文研究室）

　また、避難準備・高齢者等避難開始を発令する場合には、要配慮者については避難を開始すべき段階であることを、要配慮者自身とその支援者、さらには要配慮者利用施設の管理者等に対して、繰り返しわかりやすく伝達する必要がある。

　避難勧告等は市町村全域に伝達するのが原則であるが、ゲリラ豪雨に伴う土砂災害など避難勧告等の発令対象区域が限定されている場合においても、PUSH型の伝達手段（**表２−３**）によって全域に伝達すれば、発令対象区域外の住民にも強制的に情報が届けられ、影響が大きい。

　特に、規模の大きい市町村において、突発的局地的な災害が夜間や早朝に発生した場合には、避難勧告等の発令対象区域外の住民に伝達されることで混乱が生じ、住民等からの苦情・問い合わせが殺到することにより、迅速な応急対応に支障を来すおそれがある。このことが、情報伝達を躊躇させるのみならず、避難勧告等の発令自体も躊躇させることにもつながりかねない。また、居所や現在地以外を対象とする避難勧告等が頻繁にＰＵ

ＳＨ型の手段で伝達されると、情報の受け手である住民の当事者意識を薄れさせ、自らに災害が切迫した場合でも適切な避難行動がとれなくなるおそれがある。

　こうしたことから、突発的局地的な災害において、避難勧告等をＰＵＳＨ型の手段を用いて伝達する際に、エリアを限定することについて地域の実情に応じ検討することが望まれる[注10]。具体的な伝達エリアは、避難行動を支援する自主防災組織等の活動範囲や、細分化する程オペーレーションの難易度が上がることなどを考慮して、避難勧告等の発令対象区域よりも広い範囲で、一定のまとまりのある単位である「政令市の区単位」、「旧市町村単位」、「支所の単位」、「中学校区単位」などが考えられる。

　なお、以上のようなエリアを限定した情報伝達を緊急時においても確実に行うには、入力担当の要員確保やシステム改良による担当者の負担軽減のほか、訓練等を通じた担当者の機械操作の習熟を図ることが必要となる。

表2－3　情報伝達手段の例

ＰＵＳＨ型の主な情報伝達手段の例	ＰＵＬＬ型の主な情報伝達手段の例
・市町村防災行政無線（同報系）（屋外スピーカ・戸別受信機） ・緊急速報メール ・自動起動対応の防災ラジオを用いたコミュニティＦＭ ・ＩＰ告知システム ・登録制メール ・Ｌアラート情報に対応したスマートフォンアプリ※・携帯メール ※民間業者が開発・運用しているもの	・Ｌアラート情報に対応したテレビ ・ラジオ・ホームページ ・ＣＡＴＶ ・コミュニティＦＭ ・市町村ホームページ ・ＳＮＳ

第二章　市町村の災害初動対応と「事前の備え」

(2)　避難行動の呼びかけ

　避難勧告等を発令する際には、その対象区域や対象者ごとにとるべき避難行動をあわせて伝達しなければならない。

　避難勧告等の対象とする避難行動には、予想される災害に対応した指定緊急避難場所への立退き避難のみならず、近隣の安全な場所（高く堅牢な建物、高台の公園、親せきや友人の家等）への立退き避難、屋内の安全な場所（山と反対側の２階以上等）での待機が含まれる。

　避難勧告等を発令する際には、災害の種別に応じて指定された指定緊急避難場所への立退き避難とともに、外が危険な場合には、近隣の安全な場所への立退き避難や屋内安全確保等もあわせて伝達することが必要である。その際には、どのような避難行動をとるべきか等について、予め伝達文を作成しておくと良い。

　一方で、情報伝達手段、とりわけPUSH型の手段には、音声放送の制限時間や文字数の上限など情報量に制限がある。また、特に災害が切迫した状況では、大量の情報を伝達したとしても、受け手側に正確に理解してもらうのは難しい。このため、伝達内容は簡潔で分かりやすいものが望ましく、それぞれの住民のとるべき具体的な避難行動については、日頃からのリスクコミュニケーションにおいて周知を図っておく必要がある。あわせて、避難の呼びかけや避難誘導、避難行動要支援者の支援などでは、消防団や自主防災組織等の役割が大きいことから、連絡網を整備するとともに、訓練等を通じ連携を強化しておくことも重要である。

避難勧告、避難指示（緊急）の伝達文のモデル基準（和歌山県）

【避難勧告の発令文】
　○時○分に△△地区に対して避難勧告を発令しました。今後、○○川がはん濫する危険がありますので、○○避難所などのできるだけ安全な避難先へ避難してください。

I 大規模災害の初動時に求められる対応

【避難指示（現在は「避難指示（緊急）」）の発令文】

　○時○分に△△地区に対して避難指示を発令した。直ちに○○避難所等へ避難すること。また、逃げ遅れた場合には、自宅の２階や近くの建物の高層階にて身の安全を確保すること（防災行政無線の場合：多少早口で切迫感を持って伝える。）。

避難情報発令予告、避難準備・高齢者等避難開始の伝達文の例（兵庫県）

【避難情報発令予告の伝達文】

　こちらは、○○市です。ただ今、台風第○号が接近しており、○日○時頃から風雨が強まり、大雨となるおそれがあります。

　○市では、○日○時以降に「避難準備情報」や「避難勧告」等を発令する可能性があります。発令は、防災行政無線、市のホームページ、テレビでお知らせします。今のうちに、あらかじめ配付しているハザードマップや市のホームページなどで、土砂災害のおそれのある区域、避難経路、避難場所を再度確認しておいてください。今後、最新の気象情報や市の避難情報に注意し、必要があれば、すみやかに避難を開始してください。

【避難準備情報（現在は「避難準備・高齢者等避難開始」）の伝達文】

　緊急放送、緊急放送、避難準備情報発令。こちらは、○○市です。ただ今、○時○分に○○地区に対して避難準備情報を出しました。○○地区に対して避難準備情報を出しました。お年寄りの方など避難に時間がかかる方は、○○公民館へ避難してください。その他の方は避難の準備を始めてください。

※災害時要援護者（現在は「避難行動要支援者」）とその支援者に付

第二章　市町村の災害初動対応と「事前の備え」

> け加える情報：「昨夜からの大雨により、（２時間）後には土砂災害
> が発生するおそれがあります。」、「避難に助けが必要な方は支援者
> と連絡を取り合い、必要な身の回りのものを持って避難してくださ
> い」等

（「今後の水害及び土砂災害に備えた地域の防災体制の再点検結果等」平成 28 年 12 月 20
日消防庁）

4　被害情報の収集・報告、報道発表

(1)　被害情報の収集、都道府県への報告

　初動時において、被害情報の収集及び都道府県への報告は、最も優先さ
れるべき事項の一つである。通常被害情報は「被災地の市町村が調査・収
集→都道府県単位で取りまとめ→国」というルートで集められるが、大規
模災害においては、被害の大きい市町村ほど被害情報が入ってこないとい
う事態が生じる。

　被災市町村では、通信手段の途絶等により市町村内の情報把握がままな
らないことに加え、限られた人的資源で被災者の支援や住民の問い合わせ
への対応等に忙殺され、被害状況の把握・確認まで手が回らなくなる。そ
の結果、都道府県への被害情報の報告は後回しになってしまいがちにな
る。

　被害情報の収集・報告が遅れれば、都道府県や国の災害対策本部、実動
機関等の防災関係機関は、被災現場の状況をつかめないまま、対応方針や
応援部隊の派遣規模等の決定を迫られることになり、初動対応の遅れや被
災現場のニーズとのミスマッチにつながりかねない。

　初動時では、死亡者数等の数字でなくても、「多数の人が倒壊家屋の下
敷きになっている」、「数カ所で大規模火災」、「○○集落が壊滅状態」など
の情報も、国や都道府県にとって現場の深刻度・緊急度が伝わる大変貴重
な情報である。「外部からの迅速な支援につなげるためにも、被害情報の

収集・報告は最優先で行うべきである」ことを忘れないようにしたい。

(2) 報道発表

　収集した被害情報や応急対応の状況等は、災害の進展に応じて逐次報道発表することが求められる。この際、市町村長自ら前面に出て記者会見を行い、災害の状況や応急対策等を説明するとともに、励ましのメッセージを発信することが、被災した住民等に安心感を与えるためにも有効である。

　記者会見や記者説明では、把握している情報を包み隠さず率直に公表することが、住民やマスコミから信頼を得る第一歩である。また、住民に正しく情報が伝わらないことが、パニックを助長することにもつながりかねないので、誤解されないようわかりやすい表現で発表することも重要である。

　記者会見等は、時機を失せず、定期的に行うことが基本となる。災害対応に支障が生じないよう、記者会見等を行う場所や記者の待機場所等を確保することが望ましい。必要な場合には、関係者以外は立ち入りを禁止する区域の設定も検討すべきである。

～災害時における報道機関対応の心得～

　危機管理室を立ち上げるときに、災害時の報道機関の対応の心得を教えていただきました。（～中略～）

　ます第1点は、これがポイントでございますが、災害対策本部には報道機関を絶対に入れない。そのかわり、第2点でございますが、記者会見を、首長が望ましいということでありますが、1日3回決められた時間に決められた場所で必ず行う。第3点目は、きちんと正確な情報を出すということをご指導いただきました。この3点は、私も災害時に実施をいたしました。（～中略～）

　このことによりまして、報道機関とのトラブルも全くなく、最初の

第二章　市町村の災害初動対応と「事前の備え」

> 　２週間ぐらいは１日３回行っておりました記者会見も、報道機関のほうから２回でいいよと、また、20日過ぎますと、１日１回でいいよというように、だんだん報道機関のほうから記者会見の回数を減らしてきてくださいました。
>
> （豪雨災害に対応した○○市長の言葉）

（「市町村長による危機管理の要諦－初動対応を中心として－」消防庁）

5　実動機関との連携体制の早期構築

(1)　実動機関の派遣要請に関する連絡・要求

　大規模災害が発生した場合、都道府県知事により緊急消防援助隊や自衛隊の派遣要請が行われることになるが、市町村長は、都道府県知事又は消防庁長官への消防応援が必要な旨の連絡（**図２－４**）、都道府県知事への自衛隊災害派遣要請の要求、防衛大臣等への災害状況の通知を行うことができる。また、都道府県内の市町村間で締結された協定に基づき、消防応援の要請ができる。

　こうした連絡や要求等は、災害の情報を出来る限り収集し、状況を把握したうえで行うのが望ましいのは言うまでもない。しかし、住民の生命に直結することであるため、一刻の猶予も許されない場合が多く、情報が極めて限られる中でも、最悪の事態を想定し早め早めに対応することが求められる。

　また、応援部隊の迅速な出動のためには、災害発生後直ちに都道府県と自衛隊に災害発生の事実を一報しておくと良い。いち早く連絡することにより、各実動機関において正式な派遣要請の前の段階から出動に向けた準備を整えることができる。

(2)　実動機関との連携体制の構築

　消防、警察、自衛隊等の実動機関とは、初動時から連絡を取り合い、災

図2−4　緊急消防援助隊の応援要請の流れ

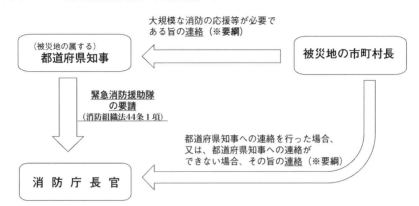

※「緊急消防援助隊の応援等の要請等に関する要綱」

害対策本部を迅速に立ち上げて連絡要員を参画させることにより、連携体制をいち早く構築しなければならない。

　特に、市町村には消防という実動機関がある。情報収集から住民への情報伝達、避難誘導、救助救命などのあらゆる段階で緊密な連携を図ることが重要である。また、災害対応に関して様々な意思決定をするに当たり、危機管理のプロ集団である消防からアドバイスなどを受けることも有効である。

　さらに、緊急消防援助隊や自衛隊等の応援部隊が入る場合には、市町村レベルで関係機関連絡会議が設けられ、活動方針の決定や活動区域の割り振り等の活動調整が行われるケースがある。その際には、活動スペースの確保等のサポートをするとともに、災害対策本部との合同会議を開催して情報共有を図るなど、連携を密にする必要がある。

〜関係機関が一堂に会して対策会議〜

　災害の直後から、内閣府、国交省、都庁、警視庁、東京消防庁、自衛隊、海上保安庁、東京電力など、みんなが町長室に集まって、朝と

第二章　市町村の災害初動対応と「事前の備え」

夕方に会議をした。副知事、内閣府審議官がいて、関係するすべての機関の関係者が一堂に集まって、町長トップで会議ができた。捜索もがれき処理も、初日からエリアを決めて、同時進行で実施し、混乱なく応急対応が出来た。

そこで係わった国交省のＴＥＣ－ＦＯＲＣＥの人たちや気象庁の人たちとは、１週間後の台風で２次災害を起こさないために、並行して会議を持って、暫定的な基準を作って、被害の拡大を防ぐことが出来た。そういう体制を取っていかないと、応急対応が出来なかった。

（台風災害に対応した○○町長の言葉）

（「市町村長による危機管理の要諦－初動対応を中心として－」消防庁）

Ⅱ 迅速かつ的確な初動対応のための「事前の備え」

> 悪い年回りはむしろいつかは回ってくるのが自然の鉄則であると覚悟を定めて、良い年回りの間に充分の用意をしておかなければならないということは、実に明白すぎるほど明白なことであるが、またこれほど万人がきれいに忘れがちなこともまれである。
>
> <『天災と国防』(「天災と国防」寺田寅彦) >

1 トップダウンの体制づくり

　危機事態が発生した場合、これを乗り切れるかどうかはトップである市町村長の判断と行動にかかっている。危機管理はトップダウンで行うのが原則である。このため、いざとなった時に、市町村長が一刻も早く駆けつけ、そのリーダーシップの下で、組織全体が一体となって災害対応するための体制づくりが求められる。

市町村長の責任・心構え

(1) 危機管理においては、トップである市町村長が全責任を負う覚悟をもって陣頭指揮を執る。

(2) 最も重要なことは、①駆けつける、②体制をつくる、③状況を把握する、④目標・対策について判断(意思決定)する、⑤住民に呼びかける、の5点である。

(3) 市町村長がまず最初に自ら判断すべき事項は、避難勧告等の発令

63

第二章　市町村の災害初動対応と「事前の備え」

と緊急消防援助隊や自衛隊の応援に係る都道府県への要求である。

(4)　災害状況が正確に把握できない場合でも、最悪の事態を想定して判断し、行動する。

(5)　緊急時に市町村長を補佐する危機管理担当幹部を確保・育成する。

(6)　訓練でできないことは本番ではできない。訓練を侮らず、市町村長自ら訓練に参加し、危機管理能力を身につける。

「トップは覚悟を持て！そして、市民にも覚悟を求めよ」

豊岡市長　中貝　宗治

トップの責任は、考えれば、考えるほど、凄まじい世界。マニュアル通りであるわけではない。それだけ厳しい。自分の判断が人の命にかかわる。その恐ろしさを引き受ける覚悟で、選挙に出ろといいたい。政治家の平時の思考パターンからしても、防災を本気で考えている人はそう多くないだろう。でも、当選したら市町村長だ。先輩としては「覚悟を持て。その覚悟が形に表れるように、身に付けろ」と言いたい。

「任せて下さい」と言いたくなる。でも「最後は、市民自身の判断になる」ことを、私は正直に市民に伝えていなかった。そのツケが、いざというときに出てきた。厳しい現実から目をそむけたいだろうが、市民にも、いざというときの覚悟を求めていかねばならない。

トップは、辛くても最悪のことをイメージする思考を止めない。自分の町で、こんな地震が起きたら、どうなるか、具体的にイメージする。大水害でどうなるか、イメージする。リアリズムを持って、想像力を働かせて、真剣に思い浮かべてみる。現場は市町村だという覚悟を持つ。

そうすれば、やるべきことは見えてくる。自分しかない。逃げられ

ない．後ろを向いても誰もいない。決断するのはあなたです。覚悟を決めて、腕を磨きましょう。

(「市町村長による危機管理の要諦－初動対応を中心として－」消防庁)

(1) 市町村長が一刻も早く駆けつける体制を

　トップが災害対策本部で指揮を執ることは、危機管理の大前提である。人命に関わるような判断は、政治責任を負う市町村長しかできない。その際、市町村長自身が現場の状況を肌で感じていないと、適切な判断を下すのは難しい。また、市町村長自ら陣頭指揮することにより職員の士気も高まり、住民の安心感にもつながることが期待できる。

　災害が発生した場合（または発生が予想される場合）、市町村長は一刻も早く本庁舎（災害対策本部等設置予定場所）に駆けつけることが、その後の迅速な初動対応につながる。このため、

・第一報を覚知した宿直等から直接市町村長に連絡が入るようにする
・市町村長自身も常に連絡を取れる態勢をとっておく
・市町村長が市町村外へ離れる場合は権限代行者（副市町村長等）を市町村内に所在させる（その場合も第一報が入り次第速やかに帰庁するようにする）

といった体制を、休日夜間を問わず確保しておくべきである。

～発災から３分で市庁舎に飛び込んだ～

　私も経験したことのない揺れでありました。「あっ、これはもう庁舎は下手するとだめだな」と頭を過ぎったわけであります。そして家屋倒壊、火事、或いは学校、病院、福祉施設、道路、水道、橋といったようなものがばっと頭の中を過ぎりまして、まだ揺れがおさまっておりませんでしたけれども、直ちに防災服に着替えてラジオを片手に

第二章　市町村の災害初動対応と「事前の備え」

> 持って自転車で役所に飛び込んだわけであります。都会と違いまして
> 私のところは早足で歩いて 10 分のところに私の家がありますから、
> 自転車ですと 3 分位で飛び込んだわけであります。
>
> （震災に対応した〇〇市長の言葉）

〜トップの代理は、あくまで代理。一刻も早く帰る〜

　市町村長が地元を離れる場合、災害時の指揮を任せる代理を備える
のは当然だ。ただ、代理は、あくまで代理。政治家でしか判断できな
いことがある。

　トップは一刻も早く帰らなければならない。他機関のヘリを出して
もらってでも、急いで帰らねばならない。

（台風災害に対応した〇〇市長の言葉）

（「市町村長による危機管理の要諦－初動対応を中心として－」消防庁）

(2)　トップの判断とリーダーシップの発揮

　市町村長は災害対応に当たり様々な局面で判断が求められるが、初動時
においてまず判断すべき事項は、避難勧告等の発令と、緊急消防援助隊や
自衛隊の応援に係る都道府県への連絡・要求である。こうした判断は、災
害の情報を出来る限り収集し、状況を把握したうえで行うのが望ましいの
は言うまでもない。しかし、住民の生命に直結することであるため、一刻
の猶予も許されない場合が多く、情報が極めて限られる中でも早急な判断
を求められる場面も必ず出てこよう。

　米国では、情報が限られ不確実な情報しかない場合に、危機管理のトッ
プに立つ者の行動原理として

・疑わしいときには行動せよ

・最悪の事態を想定して行動せよ

Ⅱ　迅速かつ的確な初動対応のための「事前の備え」

・空振りは許されるが見逃しは許されない

という三つの原理（プロアクティブの原則）があるという。

　判断に迷うような事態に直面した場合でも、市町村長には、最悪の事態を想定し、住民の命を守ることを最優先して「空振り」を恐れず判断し、行動することが求められる。

～政治責任をかけた意志決定～

　災害の意志決定の原則は、現場に近いところで意志決定をするということです。これは大原則です。意志決定は現場の臨場感を肌で感じている人間がやらなければいけない。それはやはり市町村長です。しかも、市町村長なら政治責任が取れる。取らないといけないという覚悟を持っているはずだというか、持つべき存在です。

　官僚の皆さんは政治責任を取れないのです。県がやっても知事が判断するわけではなくて、多分ここの事務所の局長がするとかになるので。それはつまり、政治家が判断するのがいいのか、役人が判断するのがいいのかという選択肢の問題で、それは政治家がやらないといけません。死者が出たときに私が辞めますといって責任を取れるのも自治体のトップだけです。

（台風災害に対応した○○市長の言葉）

～人命尊重を最優先に～

　河川の氾濫の可能性が高まり、避難勧告の発令を検討した際、工場の操業停止など経済活動への影響などを懸念する声もあったが、人命尊重を最優先し、自らの政治責任として発令を決断した。

（台風災害に対応した○○市長の言葉）

（「市町村長による危機管理の要諦－初動対応を中心として－」消防庁）

第二章　市町村の災害初動対応と「事前の備え」

こうした判断は、「ぶっつけ本番」でできるものではない。いざとなった時にあたふたしないよう、日頃から市町村長自らも参加して、過酷な事態における対応について議論を重ねるとともに、実践的な訓練を定期的に行うことが重要である。訓練でできないことは本番でもできない。

特に、市町村長が判断力を養うには、展示型の訓練ではなく、シナリオがあらかじめ提示されないブラインド型の訓練が有効である。この際、災害は様々な原因、規模、場所、時間帯で発生し得るため、毎回異なる事態を想定した訓練を行い、想定外の事態が起こった場合でもあわてずに対応できるようにすることが望ましい。

また、市町村長の判断を助けるため、災害が発生した場合の参謀役となる幹部を決めておくことや、都道府県や地方気象台、河川管理者等に助言を求める手順を予め決めておくことにより、いざとなった時に遠慮なく相談できるようにしておくことも重要である。

なお、政令市や合併市町村などにおいて、避難勧告等の発令権限を区長や支所長等に委ねているところがあるが、その場合でも、最終的な責任は市町村長が負うものであり、市町村長は発令権者に対し、委任の範囲や判断に当たっての基準等を明確に示しておくとともに、両者が緊密に連携を図れるようにしておく必要がある。

〜役立った2年前の図上訓練〜

これまでも、毎年防災訓練はしてきたが、あまりにも訓練のための訓練で、不安だった。自衛隊の退職職員を市役所に入れて、航空自衛隊のの△△警戒群にも手伝ってもらって、災害図上訓練を平成17年にやってみた。災害対策本部体制を作って、事前の想定を知らない状態のまま、「遅れてスマン」と言って私が飛び込むと、次から次へと大変な設定が示されて、何が指示できるかを試された。橋梁の落橋、生き埋め情報など、対策本部の電話が次々に鳴る。それを受けて、職員はどうするか、本部長はどうするか。対応を全部迫られた。

II　迅速かつ的確な初動対応のための「事前の備え」

　　それが、チェックリストに記録される。点数化される。自分がぜん
　ぜん、なっとらんということに気がつく。実際に起きたら対応できな
　いと思いながら、いろんなことを自分なりに考えぎるを得なかった。
　　その延長線上で、19 年 3 月 25 日の□□半島地震を迎えた。防災
　服に着替えて市役所に向かったが、途中に倒壊住宅があったり、鳥居
　が倒れていた。これほとんでもない災害だと、直ちに本部を招集して
　動き出した。訓練のおかげで、対策本部の立ち上げから情報収集、次
　の一手は、比較的うまく行った方だと思っている。

　　　　　　　　　　　　　　　　　（震災に対応した○○市長の言葉）

　　　　　　　　　　（「市町村長による危機管理の要諦－初動対応を中心として－」消防庁）

2　応急体制の迅速な構築

(1)　24 時間即応できる体制の構築

　いつ発生するか分からない災害に対応するため、夜間や休日であって
も、災害発生等に関する一報が入れば、直ちに市町村長や危機管理担当幹
部への連絡や、職員参集のための呼出ができる体制を構築する必要があ
る。このため、原則として職員のローテーションによる宿日直の体制をつ
くっておくことが望ましい（**表2－4**）。

　また、災害の規模や態様等に応じて、一定の職員が直ちに本庁舎等に参
集しなければならない。このため、あらかじめ災害発生時の緊急参集基準
を定め、緊急参集すべき事態、参集すべき職員の範囲等を明確にしておく
必要がある。

　なお、突発的な豪雨等に伴い職員が緊急参集する場合、道路の冠水や土
砂崩れ等により参集に時間がかかり、職員が計画通り揃わない可能性があ
る。夜間に大雨が予想される場合等には、一部の職員が早めに参集し、そ
の後も事態の進展に応じて段階的に参集することを検討すべきである。広
島市では、平成 26 年広島豪雨災害において区に災害警戒本部、災害対策

第二章　市町村の災害初動対応と「事前の備え」

本部を設置した際、猛烈な豪雨による交通手段への影響等により、区役所職員の参集に時間を要した。このため、従来の災害警戒本部体制、災害対策本部体制の前段階として、注意体制（大雨注意報発表時）、警戒体制（大雨警報発表時）を新設し、早い段階から職員が参集するよう体制の見直しを行った（第三章Ⅲ1②を参照のこと）。

表2－4　各自治体の危機管理体制

○危機管理担当部署における宿日直体制

※消防による宿日直体制に加え、危機管理担当部署において実施しているもの（複数回答）

	都道府県	指定都市	中核市	特例市	特別区	一般市	町	村	市町村合計
職員により対応している	94%	40%	19%	13%	91%	21%	40%	58%	34%
危機管理担当部署の職員により対応している	89%	40%	10%	5%	35%	7%	14%	27%	13%
危機管理担当部署以外の職員により対応している	55%	25%	12%	8%	83%	19%	37%	53%	31%
職員以外の人員により対応している（外部受託・守衛等）	21%	25%	69%	60%	22%	78%	67%	42%	68%

○職員参集訓練の実施状況と訓練対象

		都道府県	指定都市	中核市	特例市	特別区	一般市	町	村	市町村合計
実施状況	年に複数回実施	6%	25%	2%	5%	4%	3%	3%	1%	3%
	年に1回実施	49%	25%	33%	50%	57%	38%	29%	30%	34%
	実施していない	45%	50%	62%	45%	39%	58%	68%	69%	63%
訓練対象	基本的に全職員を対象とする	23%	40%	67%	36%	14%	59%	76%	86%	66%
	危機管理担当部署の職員など、特定の職員	77%	60%	33%	64%	86%	41%	24%	14%	34%

（「地方公共団体における総合的な危機管理体制に関する調査」（平成26年3月））

II　迅速かつ的確な初動対応のための「事前の備え」

道路冠水によって参集が遅れた事例（和歌山市）

　去年の 11 月 11 日の未明に、最大時間雨量が 122.5 ミリの集中豪雨に遭った。和歌山市は、過去 20 年これといった被害を受けていなかったため油断があった。

　警報が出た 2 時 46 分には自宅にいたが、外はザアザア降りで警報を伝える防災行政無線の声がまるきり聞こえない。危機管理官に電話して、「どんな具合だ」ということを聞いたところ、「1 時間くらいで雨雲は去る見込みである」ということだったのですぐには出動しなかったが、市内の幹線道路が全部冠水して走れない状態で今度は出動できなくなった。

　4 時の段階で 93 人しか出勤できず、対策本部を設置したのは 4 時 48 分だった。5 時半で、本来出動すべき 354 人のうち 185 人しか出勤できていない。7 時になってようやく 372 人出動した。こういう時にどうやって出勤するかというのは、大きな課題だ。私は結局、いちばん山の上を通る迂回路を探して、そこからようやく役所にたどり着くことができた。

　　　　　　　　　【低気圧による大雨（平成 21 年 11 月）】（和歌山市長）

（「市町村のための水害対応の手引き」平成 28 年 6 月内閣府（防災担当））

(2)　災害対策本部等の迅速な立ち上げ

　大規模災害の発生又は発生のおそれのある時には、全庁的な対応がとれるよう災害対策本部等（準備、警戒体制を含む。）の設置が必要となる。災害対策本部等については、予め定められている設置基準を踏まえつつも、最悪の事態を想定し躊躇せず立ち上げることが重要である。立ち上げが早すぎて非難されることはない。

第二章　市町村の災害初動対応と「事前の備え」

－市長の判断による早期の災害対策本部設置－

　遇常、○○市では気象警報が発令された場合に災害対策本部を設置することになっているが、7日深夜から8日の明け方にかけて台風第18号が○○市に最接近することが予想されたことから、「明るいうち、風雨が強まる前の避難判断」を関係者が市長に進言し、市長も夜間避難時の危険性を踏まえ即決断、早期に災害対策本部設置を設置した。

（台風災害に対応した○○市の事例）

（参考）

　　○○市の避難情報発令運用マニュアルによれば、災害対策本部は警戒発表の後に設置することになっているが、今回は関係機関との調整の後、発表前の7日15時に設置し、職員の配置の確認および第1回本部会議を開催した。

　　同16時に避難準備情報、同23時15分に避難勧告を発表し，計353人が避難施設に避難したが、うち342人は避難勧告までに既に避難施設への自主避難を終えた。

（「市町村長による危機管理の要諦－初動対応を中心として－」消防庁）

　この際、庁内の災害対応の取りまとめを担当する幹部を平時から明確にしておく必要がある。当該幹部には、市町村長の参謀役・補佐役になるとともに、部局間の調整役としての役割が求められる。このため、各部局に指示を出すことのできる地位（副市町村長級やそれに準ずる階級）にあることが望ましく、市町村の組織規模によっては副市町村長が兼務することも考えられる。災害時に当該幹部のもとに情報を集約するなど、調整力を発揮できるような体制づくりも必要である。

　また、災害の規模や発生場所によっては、情報収集や災害発生現場における実動機関との効率的な連携などのため、当該現場付近に現地対策本部

II 迅速かつ的確な初動対応のための「事前の備え」

を設置し、配置職員に一定の調整権限を委ねることも検討すべきである。

(3) 災害対策本部の事務局体制の構築

災害の初動時において、災害対策本部は、
・防災気象情報や国・都道府県等からもたらされる情報の収集・分析、首長等への報告
・一般住民からの情報や問い合わせへの対応
・首長の意志決定の補佐、避難勧告等発令の判断に資する情報の分析
・避難勧告等の情報の住民への伝達
・首長等による記者会見の設営、報道機関対応
・被害情報の収集、都道府県への報告
・防災関係機関との情報共有や、これらの機関の活動状況等の動向把握
などの広範な役割を担うことになる（**図２−５**）。

これらの膨大な業務を短時間に処理することが求められるが、過去の災害においては、災害対策本部の事務局機能、参謀機能を担うべき危機管理担当部局が、殺到する住民からの問い合わせへの対応等に忙殺され、本来の役割を果たせなかった事例がみられた。

住民からの電話が殺到した事例（宇部市）

　当時は、受話器を置いた途端に電話が鳴る状態でした。119番とか110番とは違って、受けたら自動的にその場所の地図が出るわけではありませんので、まず住宅地図を開いて、住所や電話番号を訊き、「お近くの目標物はありませんか」と言って、お店とか病院とかバス停とかで場所を確認し、『災害対応票』に記録していきました。

　「道路の木が倒れて通行の妨げになっている。何とかしないと」という電話を、見る人見る人がかけてくるので、木が1本倒れただけでもその通報が何件にもなります。結果的に通報記録は1200件にの

第二章　市町村の災害初動対応と「事前の備え」

ぼりました。

　「裏山が崩れた」という通報も、ほんの少し崩れた場合もあるし、土砂がドーンと家に当たっているというケースもあります。どの程度重要なものなのか、十分聞き取ってから判断しなければなりませんから、1件の電話にかなり時間がかかります。

　こういった電話対応に追われ、河川の水位や雨量の監視業務がどうしても疎かになりがちですので、これ以降、応援職員に主に電話対応をやってもらうといった役割分担を明確にしました。それが今年の大雨の時に役に立ったというか、我々は冷静に監視にあたることができました。

図2-5　災害対策本部の業務と情報収集すべき内容

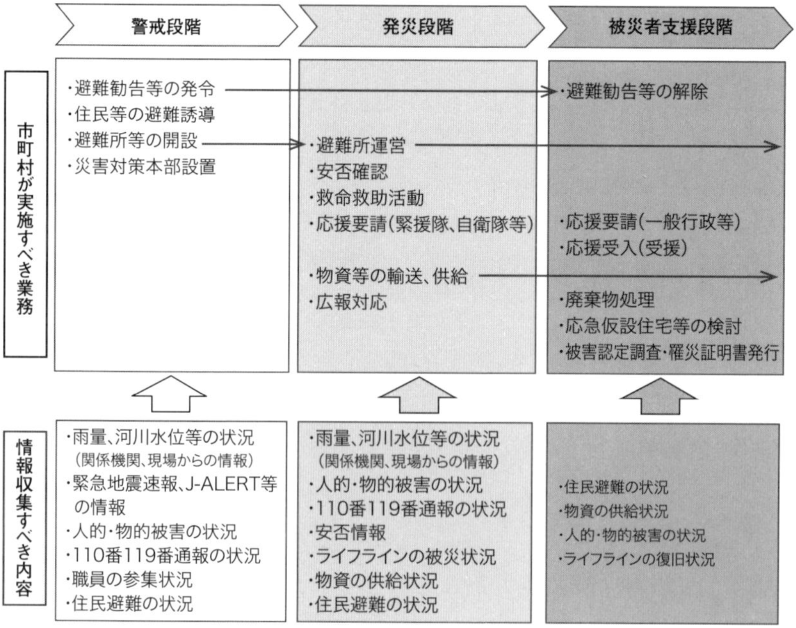

（「市町村の災害対策本部機能の強化に向けて～防災情報システム活用事例集～」平成29年7月消防庁）

74

Ⅱ　迅速かつ的確な初動対応のための「事前の備え」

> 【平成 21 年 7 月中国・九州北部豪雨（平成 21 年 7 月）】（宇部市 50
> 代男性行政職員）

（「市町村のための水害対応の手引き」平成 28 年 6 月内閣府（防災担当））

　災害時には、危機管理担当部局を中心に他部局の職員も含め、全庁をあ
げた事務局体制を早期に立ち上げなければならない。このため、災害時の
体制への移行基準や、事務局内の役割分担等について、平時において出来
る限り具体的に定めておく必要がある。

　特に、住民からの問合せ等については、窓口を一本化のうえ、出来る限
り危機管理担当以外の職員が担当し、危機管理担当職員が他の災害対応業
務に集中できる環境を作ることが重要である (表 2 － 5)。また、報道機関
対応については、首長の記者会見の設定や、災害対策本部の収集情報、意
思決定などの記者説明のため、専任の職員を配置することが望ましい。

(4) 災害対策本部機能の強化

　災害対策本部において、(3) で述べた膨大な業務が迅速・的確に行われ
るよう、災害対策本部会議室等のスペース、防災情報システム等をあらか
じめ整備し、その機能の充実・強化に努める必要がある[注11]。

　機能強化のための方策として、第一に、災害対策本部員室、災害対策本
部事務局室（オペレーションルーム）のスペース確保や施設整備がある。
災害対策本部員室とは、災害対策本部を設置した場合に、本部員が参集
し、災害対応方針・対応措置の意思決定を行う場所である。災害発生直後
に、本部員が迅速に参集し、事態に対応できるよう、平時の執務室から独
立した専用スペースとすることが望ましく、大型スクリーンやテレビモニ
ターなど映像を投影可能な設備を備えておく必要がある。

　一方、災害対策本部事務局室とは、災害対策本部参集職員が情報収集・
分析を行うとともに、関係機関等と調整を行い、事態への対処を実施する
場所である。参集対象職員が迅速に参集し、事態に対応できるよう、常設

第二章　市町村の災害初動対応と「事前の備え」

表２−５　豊岡市における防災担当職員を支援する体制
（防災課だけでなく総務課も加えて災害対策本部を運営する体制）

平　　時	０号非常配備時	災害対策本部等設置時
防災監　　1名 【防災課　6名】 防災課長　　1名 ┐ 防災課参事　1名 │ 3 防災係　　　3名 │ 階 消防係　　　2名 ┘ 【総務課職員19名】 総務課長　　1名 ┐ 総務課参事　1名 │ 行政係　　5名 │ 4 文書法制係　3名 │ 階 選管職員　　2名 │ 現業職員　　7名 ┘ ※現業職は、運転手・ 　用務員等 平時は3階と4階に分かれ 別々に事務を執っている	防災課職員1名 総務課職員1名 ※必要に応じ防災監or 　防災課長が共に配備 0号非常配備時は、 防災課職員6名と総務課の 行政職員12名が1名ずつ ペアを組み、風水害や地震 毎に一定の基準に達すると 情報収集や監視体制のため 24時間職場に詰める	防災監　　1名 【防災課　6名】 防災課長　　1名 ┐ 防災課参事　1名 │ 3 防災係　　　3名 │ 階 消防係　　　2名 ┘ 防 　　　　　　　　　災 総務課職員はそれを分析する 【総務課職員19名】 課 総務課長　　1名 職 総務課参事　1名 員 行政係　　5名 は 文書法制係　3名 主 選管職員　　2名 に 現業職員　　7名 情 ※現業職は、運転手・ 報 　用務員等 収 　　　　　　　　　集 全員が災害対策本部のある に 3階で防災対応に当たる 努め

（「水害時における避難・応急対策の今後の在り方について（報告）」平成28年3月
中央防災会議 防災対策実行会議水害時の避難・応急対策検討ワーキンググループ）

の専用スペースとすることが望ましく、大型スクリーンやテレビモニター
及び映像操作端末、情報・通信機器類（専用回線電話、ＦＡＸ等）、ＰＣ、
プリンタ、コピー機等の事務機器・事務用品を備えておく必要がある。こ
れにより、①気象情報・河川水位等の情報や被害状況などの迅速な情報集
約・分析、②防災情報システム等で収集した情報の迅速な情報共有、③事
務局業務の効率化を図ることができる。

　なお、災害対策本部等と事務局との間で連携ミスや意思疎通に齟齬が生
じたりすることのないよう、災害対策本部員室と災害対策本部事務局室は
出来るだけ隣接した場所に設置することが望ましい。

　第二は、国や都道府県、関係機関等との相互連絡が迅速かつ確実に行え

II 迅速かつ的確な初動対応のための「事前の備え」

るよう、情報伝達ルートを多重化することである。具体的には、災害時優先電話（固定電話又は携帯電話）、防災行政無線（移動系）、衛星携帯電話、インターネットメール等の通信手段を、複数確保する必要がある。

　第三は、情報収集・分析のための防災情報システム及び情報共有のためのモニター等の導入である。防災情報システムは、災害対策本部における情報の収集・分析や情報共有を迅速かつ効果的なものにすることによって、対応方針・対応措置の意思決定の支援を行うこと等を目的とする情報システムである。防災情報システムの主な機能は、**（表2－6）**のとおりである。

表2－6　防災情報システムの主な機能

段階	機　能	概　　要	例
情報収集	気象・河川等情報収集機能	河川や道路等のカメラ映像など現場情報を収集するもの。また、気象庁をはじめ関係機関が観測・分析・予測した災害情報を収集して、伝達活用を行うもの。	・河川、道路、橋梁、港湾、街角等カメラ映像収集 ・気象情報、河川水位等の情報収集 ・消防本部からの情報収集
	被害情報収集機能	携帯、可搬現場端末（専用端末、汎用型端末）から被害状況を情報収集するもの。	・携帯端末等からの情報集計
	安否確認機能	被災者安否情報を収集し、用途、レベルに合わせ迅速に提供するもの。	・安否情報登録／配信 ・安否情報管理
	避難所情報機能	避難所の開設状況、収容人数や、実際の避難者数等を集約して管理するもの。	・避難所開設情報 ・避難所ニーズ集計
	物資管理機能	現状の物資量や不足量等の情報を集約して管理するもの。	・物資管理情報
	被害者支援業務機能	被災者の基本情報を基に管理を行うために、証明書発行など行政手続きなど総合的支援業務を行うもの。	・罹災証明書交付状況 ・被害認定状況

第二章　市町村の災害初動対応と「事前の備え」

情報集約	災害管理情報機能	災害時の各種蓄積情報等を地図上に表示、時系列で整理するもの。また、各種防災マニュアル等を確認できるもの。	・災害対応記録管理／参照 ・災害対策本部映像情報表示 ・標準データ連携 ・災害対応マニュアル管理 ・災害対策拠点管理 ・地理情報管理
	職員連絡機能	災害時に対象職員に情報の自動配信を行い、参集状況等を集計するもの。	・移動端末から職員参集情報 ・音声応答による参集情報
情報発信	避難勧告等発令機能	避難勧告等の発令案を提示するもの。また、発令情報の伝達、共有するもの。	・避難勧告等発令支援機能 ・避難勧告等発令状況表示
	情報伝達機能	地方公共団体が情報発信者となり公共放送機関、通信キャリア等が情報伝達者として地域住民に情報を伝達するもの。	・緊急地震速報情報伝達 ・Ｊ－ＡＬＥＲＴ情報伝達 ・Ｌ－ＡＬＥＲＴ情報伝達

（「市町村の災害対策本部機能の強化に向けて～防災情報システム活用事例集～」平成29年7月消防庁）

(5)　予め定めておくべき業務継続のための事項

　大規模災害が発生した場合、膨大な災害対応業務が生じる一方で、庁舎や情報システム等の損壊、職員の被災、電気、水道等のライフラインの停止などによって業務の継続が困難になるおそれがある。

　過去の災害を振り返ると、次のように首長・職員の不在、庁舎や電気・通信機器の使用不能等により、災害対応に支障をきたした事例も多く見られる。

■台風第10号災害（平成28年）
　役場が停電し、避難勧告等の伝達が困難となった。
■熊本地震（平成28年）

Ⅱ　迅速かつ的確な初動対応のための「事前の備え」

　　５市町村で被災により本庁舎が使用できなくなった。

■常総市鬼怒川水害（平成27年）

　　庁舎等が浸水。庁舎屋外に設置した非常用電源も、嵩上げしていたものの水没した。

■伊豆大島土砂災害（平成25年）

　　発災当日に町長及び副町長は島外に出張中。職員も一旦全員が帰宅し、発災直前に職員不在の時間帯があった。

■東日本大震災（平成23年）

　　被災により本庁舎が使用できなくなった市町村は28自治体。庁舎内の重要データが失われた市町村も多数あった。

■年末年始豪雪（平成22年～23年）

　　豪雪により停電。電力会社も修理現場に行けず復旧が遅れた。庁舎に非常用発電機はあったが、燃料は半日しか持たなかった。

■新潟県中越地震（平成16年）

　　県防災行政無線は停電により使用不能（震度情報を得られず。）。庁舎３階に設置されていた同報無線も使用不能となった。

浸水・停電により通信手段が喪失した事例

　　隣町の消防から「今、役場が浸水しとるんや！」と電話がかかってきました。あっという間に水があふれてきたので、あわてて書類とかを机の上に上げているところだというのです。それに、防災行政無線等の電源も全て１階にあったので、全部ダメになってしまったとも。

　　夜中に、「これが最後の通信になると思います。もう携帯電話の電池がありません」という連絡が入って以降通信が途絶え、その役場は孤立してしまったのです。

　　【平成16年台風第23号（平成16年10月）】（福知山市60代男性

第二章　市町村の災害初動対応と「事前の備え」

市役所職員）

（「市町村のための水害対応の手引き」平成 28 年 6 月内閣府（防災担当））

　こうした行政のリソースが失われた場合でも、初動対応のパフォーマンスの低下を最小限に抑えられるよう、代替機能の確保など、事前に備えておかなければならない（**図2-6**）。

　このため、次のような業務継続のための事項について業務継続計画や地域防災計画の一部として予め定め、全庁で情報共有しておくべきである。

・災害時の業務体制（首長の職務代行の順位、緊急参集体制、災害対策本部等の体制、災害対応業務の分担等）

・人員等が限られる状況下で、非常時優先業務の整理（優先して実施する

図2-6　発災後に市町村が実施する業務の推移

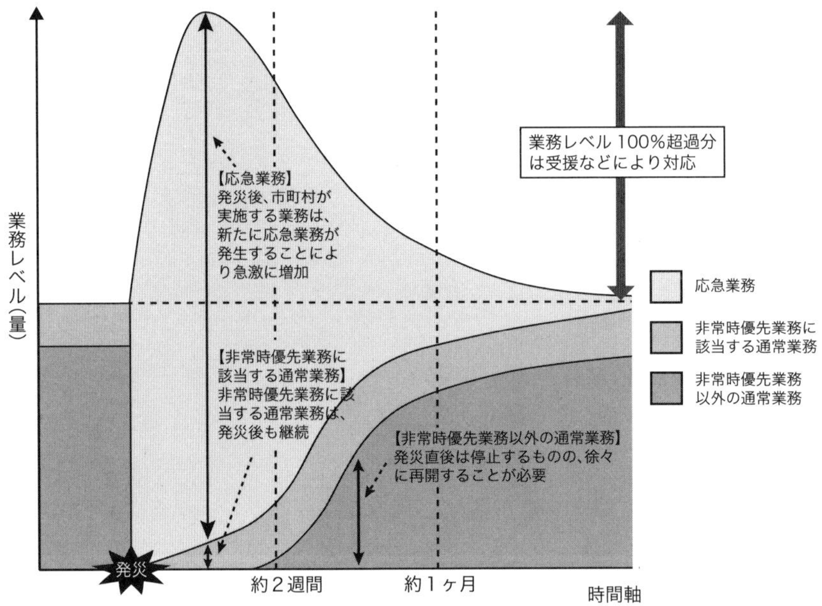

業務レベル（量）

【応急業務】
発災後、市町村が実施する業務は、新たに応急業務が発生することにより急激に増加

業務レベル 100％超過分は受援などにより対応

【非常時優先業務に該当する通常業務】
非常時優先業務に該当する通常業務は、発災後も継続

【非常時優先業務以外の通常業務】
発災直後は停止するものの、徐々に再開することが必要

応急業務

非常時優先業務に該当する通常業務

非常時優先業務以外の通常業務

発災　　約2週間　　約1ヶ月　　時間軸

（「市町村のための業務継続計画作成ガイド」平成 27 年 5 月内閣府（防災担当））

業務と停止する業務の選定)

＊非常時優先業務：大規模な災害時にあっても優先して実施すべき業務のこと。具体的には、災害応急対策業務や早期実施の優先度が高い復旧・復興業務等のほか、業務継続の優先度の高い通常業務が対象となる。

・業務を遂行する職員等のための水、食料等の確保
・非常用電源の設置、浸水対策（想定浸水深より上部に設置、水が入らない構造の部屋に設置等）、地震対策（転倒防止措置等）、燃料の確保（使用可能時間72時間以上が望ましい。）
・情報通信システムの多重化（断線、輻輳等により固定電話、携帯電話等が使用不能な場合でも使用可能となる通信手段を確保）
・災害時の被災者支援や住民対応などの、業務の遂行に必要となる重要な行政データのバックアップ
・災害対策本部等の設置を予定している庁舎が被災した場合の代替庁舎の特定

なお、業務継続のための事項を定めた後、何もしないでおくと、時間の経過とともに形骸化してしまう。このため、業務引継など日常の業務の中に業務継続の観念を盛り込んでおくとともに、定期的に訓練を行い、その結果を踏まえた検証・見直しを行うPDCAサイクルを確立する必要がある。

> コンティンジェンシー・プラン（一つの作戦計画の重要な前提が成り立たなかったり、変化した場合の対応計画）の欠如は、本来の計画そのものから堅実性と柔軟性を奪う結果になったのである。　＜「失敗の本質－日本軍の組織論的研究―」戸部良一等＞

第二章　市町村の災害初動対応と「事前の備え」

3　職員一人ひとりの危機対応能力の向上

　大規模災害において、各職員は普段の業務とは異なる先の読めない災害対応業務を、時間的な猶予がない中処理することを余儀なくされる。その際、例え被災地から離れた本庁舎にいたとしても、現場がいかに困難な状況に置かれるかイメージしながら、現場目線で対応することが重要である。

　災害対応業務を「先を見越し」、「スピード感を持って」処理できるかどうかは、経験によるところが大きい。しかし、災害対応の経験がない職員は、研修や実践的な訓練を繰り返すことによって、危機対応能力を高めていくしかない。特に、危機管理担当の職員にとって、研修・訓練は仕事の合間に行うものではなく、まさに「本務」であることを忘れないようにしたい。

　危機管理担当の職員は全庁的な人事ローテーションにより配置されるのが一般的であり、大半の職員が数年で異動する（**表2-7**）。このため、当該部署への配属後できるだけ早期に研修・訓練を行い、その後も研修・訓練を繰り返す必要がある。特に、梅雨期、台風期までに、防災気象情報

表2-7　危機管理担当部署職員の経験年数別割合

職員の経験年数	0年以上～2年未満	2年以上～4年未満	4年以上～6年未満	6年以上～8年未満	8年以上～10年未満	10年以上
都道府県	56%	28%	8%	3%	1%	4%
指定都市	61%	22%	7%	3%	1%	5%
中核市	64%	23%	8%	2%	2%	1%
特例市	59%	25%	9%	3%	1%	2%
特別区	61%	26%	10%	2%	1%	1%
一般市	58%	26%	10%	3%	2%	2%
町	52%	27%	11%	5%	1%	5%
村	51%	29%	7%	3%	2%	7%
市町村合計	57%	26%	10%	3%	1%	3%

（「地方公共団体における総合的な危機管理体制に関する調査」平成26年3月消防庁）

II　迅速かつ的確な初動対応のための「事前の備え」

表2−8　危機管理担当部署職員を対象とした危機管理に係る研修等の実施状況

	各種講演・研修会等への参加	各種防災システム端末の操作研修	危機発生要因のある施設・避難施設の視察	配属時に行う危機管理研修	定期的な危機管理研修	危機管理対応機関（消防等）での危機管理研修
都道府県	94%	89%	66%	49%	83%	64%
指定都市	95%	95%	75%	75%	85%	85%
中核市	90%	86%	57%	26%	50%	62%
特例市	95%	90%	60%	30%	45%	40%
特別区	91%	87%	65%	61%	61%	30%
一般市	88%	78%	45%	15%	34%	26%
町	88%	75%	36%	10%	27%	23%
村	80%	64%	31%	8 %	21%	21%
市町村合計	88%	76%	41%	14%	31%	26%

（「地方公共団体における総合的な危機管理体制に関する調査」平成26年3月消防庁）

の収集・分析、住民への防災気象情報等や避難勧告等の伝達、避難誘導などについて、訓練を行っておくべきである（**表2−8**）。

　一方で、災害対応の経験がある職員についても、災害はこれまでとは異なる原因、規模、場所、時間帯で発生し得るため、「これまでと同じ対応でよい」という先入観をもつことなく、どのような事態が生じた場合でも的確に対応できるよう、様々な事態を想定した訓練を行うことが望ましい。

　過去の教訓がそのまま役立つとは限らない。行政は過去の例にこだわるが、次の津波が以前の津波を超えないとも限らない。
　　　　　　　＜河田惠昭（「天災人災格言集」平井敬也）＞

第二章　市町村の災害初動対応と「事前の備え」

　また、いったん大規模災害が発生すると全庁あげての対応が求められることから、危機管理担当以外の職員も、担当任せにするのではなく危機対応能力を高めておかなければならない。全庁的な研修・訓練を実施するほか、新採研修や幹部研修などにおいて危機管理のカリキュラムを盛り込んでおくことも重要である。

　訓練は、住民や防災関係機関も参加した実動訓練、災害対策本部の運営に係る図上訓練などについて、いずれも実災害時の動きを想定した実践的なものを行う必要がある。特に図上訓練については、事前にシナリオを示さないブラインド型の訓練が、想定外の事態が起こった場合における職員の対応力を高めるうえで有効である。

4　情報伝達手段の強靭化・多重化

　防災気象情報や避難勧告等を住民一人ひとりに確実に伝達するためには、第一に「防災行政無線等一つ一つの情報伝達手段の強靭化」、第二に「一つの手段に頼らず、複数の情報伝達手段を組み合わせること」が重要である。

　第一の各伝達手段の強靭化について、防災行政無線（同報系）は東日本大震災においても有効性が再認識された一方で、屋外スピーカーの損壊、バッテリー切れ等があったことを踏まえ、スピーカーの耐震化や非常用電源の強化等を計画的に進める必要がある。加えて、豪雨等においても活用できるよう、浸水対策も忘れないようにしたい。さらに、屋外スピーカーだけでは届きづらい地域等や高齢者や障害者の世帯を対象に、戸別受信機を組み合わせて整備することも検討すべきである。

　第二の情報伝達手段の多重化については、防災行政無線（同報系）に加えて、緊急速報メールをはじめ、コミュニティFMやケーブルテレビ、Lアラート、SNS等の複数の手段を組み合わせて整備・活用することが重要である（**表2－9**）。この場合、「都心のビルの場合窓を閉めてしまうと屋外スピーカーが聞こえづらいので、戸別受信機や緊急速報メールが有

84

Ⅱ　迅速かつ的確な初動対応のための「事前の備え」

表2-9　情報伝達手段の整備状況

情　報　伝　達　手　段		整　備　割　合	備　　考
市町村防災行政無線（同報系）		82.0%（1,428 団体）	平成 28 年 3 月 31 日現在
コミュニティＦＭ 〔うち自動起動対応〕		19.6%（341 団体） 〔4.4%（76 団体）〕	
ＣＡＴＶ		31.5%（549 団体）	
ＩＰ告知システム等		9.7%（169 団体）	
登録制メール		62.7%（1,091 団体）	
消防団による広報		90.4%（1,573 団体）	
緊急速報メール整備率※		99.4%（1,731 団体）	平成 28 年 9 月 1 日現在 ※3社のうちいずれか1社以上
各社契約率	エリアメール（NTTドコモ）	99.1%（1,725 団体）	
	緊急速報メール（KDDI）	98.3%（1,725 団体）	
	緊急速報メール （ソフトバンクモバイル）	98.7%（1,718 団体）	
Ｌアラート		87.2%（41 都道府県）	

（消防庁震災対策現況調査）

効」、「農村部、漁村部では屋外で作業している人が多いので、津波警報などは屋外のサイレンが有効」など、地域の特性に応じて伝達手段を組み合わせることが重要である。

　一方、突発的局地的な災害において、避難勧告等をエリア限定して伝達する場合に有効なPUSH型の伝達手段が、防災行政無線（同報系）の戸別受信機と緊急速報メールである。戸別受信機は、各世帯の屋内で情報を受信する最も確実な伝達手段の一つであり、全国的に広く普及し、大半の市町村で既存の機能を活用した運用変更のみでエリアを限定した伝達が可能である（図2-7）。また、緊急速報メールは、市町村内の携帯電話・スマートフォンに即時優先的に配信可能で、財政負担なく利用できる。ただし、現在は政令市のみ区単位で送信可能であり、今後合併市町村等において区域を細分化できるよう携帯会社等と協議していく必要がある。

　なお、言うまでもないが、災害時において情報伝達手段が確実に機能す

85

第二章　市町村の災害初動対応と「事前の備え」

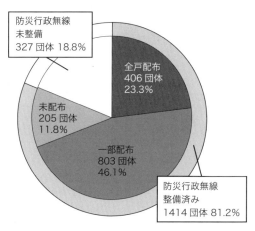

図2−7　戸別受信機の整備状況

※平成27年3月末現在：1741市区町村

（消防庁震災対策現況調査）

るためには、機器等の不断の点検、メインテナンスが不可欠である。毎年実施しているＪアラートの全国一斉伝達訓練においては、機器の設定ミスや、バッテリー切れ等により情報が伝達されなかった事例が見受けられる。各情報伝達機器の設定及び動作状況、非常用電源、設備の耐震性等について、定期的に点検する必要がある。

　一方、適時的確な避難勧告等の発令や早期の情報把握のためには、住民から前兆現象や被害情報等の通報を受ける体制をつくることも重要である。住民から市町村への通報手段としては電話が中心になっているのが現状だが、通報や問い合わせが集中した場合、災害対応に支障を来す可能性もあるため、メールや防災行政無線（同報系、デジタル方式）の双方向通話装置の活用など、通報の方法について住民の理解を得ておく必要がある。

5　日頃からのリスクコミュニケーションと避難訓練
(1)　継続的なリスクコミュニケーションと住民の避難行動

　例え市町村が避難勧告等を的確に発令し伝達したとしても、住民の実

際の避難行動に結びつかなければ、被害を減らすことはできない。「昨年（平成 25 年）の豪雨で水害が発生し、避難指示の発令後に避難状況を確認できた 39 市町村で、対象住民約 22 万 500 人のうち避難所に避難したのは約 9300 人（4.2%）だったことが分かった」（朝日新聞 2014 年 5 月 19 日）という。屋内での安全確保や近所の安全な建物への避難など、「避難所への避難」以外の避難行動をとった人がカウントされていない点を考慮に入れる必要があるが、決して高い数字とはいえない。特に、近年災害が発生していない地域においては、避難勧告等の「空振り」が重なると、住民に「どうせ当たらない」ときちんと受け止めてもらえなくなることがあるのではないか。

> 話を聞くうちに、皆さん、「逃げない」と決めているのでなく「逃げる」という意思決定ができずに止まっていることに気づきました。実際、揺れを感じれば、テレビをつけ、地震情報も確認されます。しかし、「逃げる」意思決定をするための裏付けをさがすうちに、避難の必要がなくなる―それが繰り返され、前回も大丈夫だったから、今回も大丈夫と思い込み、逃げることができなくなっていました。
>
> <『命を守る防災』片田敏孝（「災害と文明」）>

　一方で、東日本大震災において、釜石市の中学生、小学生が率先避難して助かった「釜石の奇跡」をはじめ、住民が早期に適切な避難行動をとったことにより、被害を防止又は軽減できた事例がみられた。先ほどの報道機関の調査においても、市町村によっては避難指示の対象となった住民の大半が避難所に避難したところもある。

第二章　市町村の災害初動対応と「事前の備え」

釜石の奇跡

【概要】

　平成 23 年 3 月 11 日に起きた東日本大震災の津波による死者・行方不明者が 1,000 人を超す釜石市では、小中学生 2,921 人が津波から逃れた。学校にいなかった 5 人が犠牲となったが、99.8％の生存率は「釜石の奇跡」と言われる。学校の管理下にあった児童生徒に限らず、下校していた子供も、多くが自分で判断して高台に避難した。

【奏功事例の要因】

　釜石小学校では、2008 年から下校時の避難訓練に取り組んできた。具体的には、子供たちを学校から帰し、帰宅途中に地震が起きたと想定して、防災無線で知らせ、どこが安全か、津波の際はどこに逃げるかを考えさせ、誘導した。また、避難対策を専門とする群馬大の片田敏孝教授が生徒たちに防災の授業を行い、津波避難の 3 原則を強く訴えた。こうした防災教育により、釜石市の多くの命が救われた。

津波避難の 3 原則 ①「想定にとらわれるな」
②「最善を尽くせ」
③「率先避難者たれ」

出典：河北新報ニュースサイト

（「市町村における防災対策について」平成 26 年 6 月 4 日内閣府(防災担当)）

　一度でも災害を経験したことのある地域の住民は、一般的に防災意識が高く、自主的に避難する人も多い。一方、災害経験のない地域において避難勧告等が発令された際住民に率先して避難してもらうには、ハザードマップ等を活用した継続的なリスクコミュニケーション[注12]により、住民に自分自身の住む地域のリスクを知ってもらい、自助の意識を醸成してい

くしかない。日頃から避難勧告等をどのような場合に発令するか、避難経路や避難場所、発令時に自らの命を守るためどのように行動すべきかを事前に十分周知するとともに、避難訓練等を重ねることにより、避難経路や避難場所、危険箇所等を住民一人一人が実地で確認し、とるべき避難行動を体で覚えてもらうことが重要である。

> 　自分が進んでいる場所のどこにどのような危険があるのか知り、なおかつ自分の目で危険を見つける訓練もしていれば、想定していない問題が起こったときでも柔軟に対処できる。それはマニュアルに示されていたのとは別の安全ルートを自力で探すことができるからである。　　　　＜畑村洋太郎「天災と国防」解説＞

a　洪水に関するリスクコミュニケーション

　まずは、住民に自分たちの住んでいる地域の浸水リスクを知ってもらうことが出発点となる。このため、洪水予報河川や水位周知河川については、浸水想定区域図が公表されていることから、これを活用して地域毎のリスクを周知する。一方、その他の河川については、浸水想定区域図が公表されていないため、山間部等の流れの速い河川沿いに家屋があるなど地形的・社会的な条件に即したリスクを周知することになる。最近は過去に経験したことのないような大雨が降ることもあるので、過去に浸水したことがない地域にも被害が生じる可能性があることもあわせて周知する。

　また、避難勧告等の発令基準や伝達方法、指定緊急避難場所と避難経路等のほか、いざとなった時に住民がとるべき避難行動として、

・次のような場合には、屋内安全確保をとるのみでは十分ではなく、指定緊急避難場所への立退き避難が必要となること

　① 大河川の近くなどで、河川から氾濫した水の流れが直接家屋の流失をもたらすおそれがある場合

第二章　市町村の災害初動対応と「事前の備え」

② 山間部等の川の流れの速いところで、河岸浸食や氾濫流により、家屋流失をもたらすおそれがある場合

③ 浸水深が深く、平屋の建物で床上まで浸水するか、2階建て以上の建物で浸水深が最上階の床の高さを上回る場合

④ ゼロメートル地帯のように浸水が長期間継続するおそれがある場合

・流域面積の小さい河川については、急激に水位が上昇することがあるため、河川沿いの居住者等については、避難準備・高齢者等避難開始の発令段階から、自発的な避難開始が望ましいこと

・一方で、流域面積の小さい河川で急激に水位が上昇する場合には、段階を踏まずにいきなり避難勧告を発令することもあり得ることから、避難準備・高齢者等避難開始が発令されていなくても、防災気象情報等を踏まえつつ早めに警戒・避難準備をしておくこと

・避難経路の浸水がすでに始まっているなど、指定緊急避難場所への移動が危険だと判断される場合には、近隣の安全な場所に避難すること

・さらに、近隣の安全な場所への移動すら危険だと判断される場合には、やむを得ず、その時点にいる建物の中で、より安全な場所（屋内の高いところや屋上など）へ移動すること

などを、日頃から十分周知するとともに、訓練等を通じて住民自身がとるべき避難行動を判断できるようにする必要がある。

その際には、浸水深のほか、氾濫流の広がり方やその時間経過、氾濫流による家屋倒壊の危険性、浸水継続時間等を含め、住んでいる地域で想定される被害の状況について、ハザードマップを活用しながら、わかりやすく住民に示すようにしたい。

b　土砂災害に関するリスクコミュニケーション

特に、ここ数年頻発しているゲリラ豪雨に伴う土砂災害などは、予想精度が低いため、避難勧告等の「空振り」が多く、また時間的余裕をもって発令することが難しいことから、日頃からの丁寧なリスクコミュニケーシ

ョンが必要となる。

・土砂災害警戒区域等のハザードマップによる、自らの住んでいる場所等のリスク
・土砂災害警戒情報が発表された場合に避難勧告を発令すること、土砂災害警戒情報の重要性、発表基準、予測精度
・避難勧告等の情報の伝達方法、避難場所・避難経路

などを日頃から周知し、住民自身で事前に確認してもらう必要がある。

　また、いざとなった時に住民がとるべき避難行動として、

・前兆現象を発見するなど危険だと感じたら、避難勧告等の発令前であっても、自らの判断で避難行動をとること
・避難経路が危険になる前に避難できるよう、早い段階で指定緊急避難場所に避難すること
・避難勧告等が発令された時点で既に大雨になっているなど、指定緊急避難場所への避難が危険な場合には、近くの堅牢な建物の上階等に避難すること
・屋外に出ることさえ危険な場合には、山と反対側の二階以上に屋内避難すること

などを、十分に周知するとともに、訓練等を通じて住民自身がとるべき行動を判断できるようにすることが必要である。

c　地震に関するリスクコミュニケーション

　過去大きな地震にあった記憶が無い地域であっても、活断層は全国にあり、いつ大地震が起きてもおかしくない。このため、どの地域でも地震は起こりうること、予兆がなく突然起きる地震から命を守るには事前の備えが重要であることを、十分理解してもらうことが出発点となる。

　そのうえで、

・地盤が軟らかく揺れやすい地域や、木造住宅密集地域等災害時の延焼や避難の危険性が高い地域など、自ら住んでいる場所等のリスク

第二章　市町村の災害初動対応と「事前の備え」

・避難場所、広域避難場所、避難経路（建物の倒壊や火災で道路が通れない場合に備え、複数の避難場所や避難経路を考えておく。）

等を日頃から周知し、住民自身で事前に確認してもらう必要がある。

　また、いざとなった時にとるべき行動として、

・地震発生時の自分の身を守る行動
・揺れが収まった時の行動、万が一閉じ込められたときの行動
・避難を開始すべきタイミング
・避難時に注意すべき点、所持すべき物

などを十分に周知するとともに、訓練等を通じて住民自身がとるべき行動を判断できるようにすることが重要である。

　あわせて、事前の備えとして、

・自宅の耐震診断、耐震補強
・家具の転倒防止、窓ガラスの飛散防止
・ライフラインの停止に備えた備蓄品の準備（東京都は、「東京都地域防災計画」を定め、ライフラインの復旧目標を電力7日、上下水道30日、都市ガス60日程度とし、災害後1週間は支援が届かないものと想定して、家族分の水や食料を備えることを呼びかけている。）
・避難場所や避難時の安否確認方法について家族同士での確認

などを継続的に働きかけることも必要である。

d　津波に関するリスクコミュニケーション

　津波については、地震発生後短時間で襲ってくることもあるので、揺れを感じた場合等には、即座に避難を開始しなければならない。このため、

・浸水被害が想定させる区域等のハザードマップによる、自分のいる場所や住んでいる場所のリスク
・津波避難場所、津波避難ビル、避難経路（地震に伴う建物の倒壊や火災で道路が通れない場合に備え、複数の避難場所や避難経路を考えておく。）

II 迅速かつ的確な初動対応のための「事前の備え」

・大津波警報、津波警報、津波注意報の意味(表2－10)
等を日頃から周知し、住民自身で事前に確認してもらう必要がある。
　また、いざとなった時にとるべき行動として、
・強い揺れや弱くても長い揺れの地震があった場合や、津波警報や津波注
　意報が発表された場合には、すぐに避難を開始すること
・特に海岸近くにいる場合は真っ先に避難すること
・近くの高台や津波避難ビル、より高く頑丈な建物へ避難すること
・大きな河川の周辺にいるときは、川から離れて避難すること
・津波は長い時間繰り返し襲ってくるので、避難したら津波警報注意報が
　解除されるまで絶対に戻らないこと
などを十分に周知するとともに、訓練等を通じて住民自身がとるべき行動
を判断できるようにすることが重要である。

(2)　住民が主体となった避難訓練、「地域防災マップ」の作成
　住民が参加した避難訓練等は、実災害を想定して実施することが重要で

表2－10　津波警報等ととるべき行動

	予想される津波の高さ		とるべき行動
	数値での発表 (津波の高さ予想の区分)	巨大地震の 場合の発表	
大津波警報	10 m超 (10 m〜)	巨大	沿岸部や川沿いにいる人は、ただち に高台や避難ビルなどの安全な場所 へ避難してください。 「ここなら安全と思わず。より高い 場所を目指して避難しましょう。」
	10 m (5 m〜10m)		
	5 m (3 m〜5 m)		
津波警報	3 m (1 m〜3 m)	高い	
津波注意報	1 m (20 c m〜1 m)	表記しない	海の中にいる人は、ただちに海から 上がって海岸から離れてください。

(「避難の心得(津波編)」気象庁)

第二章　市町村の災害初動対応と「事前の備え」

ある。「住民にとってイメージがしやすく「先を見越した行動」につながる」、「実際の避難経路や避難場所を確認できる」などの点で効果が期待できる。釜石市でも中学校で下校時の避難訓練を繰り返し行ってきたことが、「釜石の奇跡」につながった。訓練では、住民に避難場所の選定や避難方法の検討などに企画段階から参画してもらうなどにより、「行政任せ」ではない主体的な行動を促す工夫も求められる（表2−11、2−12）。

　また、自主防災組織等の住民が主体となって、地域の地図に避難場所や避難経路、危険な場所、災害時に役立つ施設やお店を書き込んだ「地域防災マップ」を作成してもらうのも有効である。作成に当たっては、実際に住民に避難経路等を歩いてもらい、避難場所等や避難するうえでネックとなる箇所等を住民自ら確認してもらうとよい（図2−8、2−9）。

　避難訓練や「地域防災マップ」の作成等に住民が主体的に取り組むことを通じて、住民一人一人の「自助」の意識が高まるとともに、自主防災組織や防災リーダー等が育成され、地域コミュニティに根ざした「共助」の強化も図ることができる。これによって、行政からの情報を待たずに住民同士が声を掛けあって避難するなど、地域ぐるみでの避難行動につながることが期待できる。

　以上のような日頃の取り組みを通じて、結果として災害が起こらなかった場合でも、「オオカミ少年」と行政を非難するのでなく、「空振りで良かった」と捉える考え方が住民と行政の間で共有されることが望まれる。

　地震を感じたとき、「津波は必ずくる」「津波は私の命を奪うかもしれない」と考え、逃げてほしいのです。逃げて津波がこなければ、「よかった」といって戻ればいいのです。"命を守る"という観点から、まず自分を律し、理性的に振る舞えば避けられる災害は何としても避けるべきです。

　　　　　　　　＜『命を守る防災』片田敏孝（「災害と文明」）＞

Ⅱ　迅速かつ的確な初動対応のための「事前の備え」

表 2 - 11　実践的な防災訓練がもたらす効果

■実災害時の被害軽減
- 避難訓練を重ねてきた地域において、震災時に地区ごとに編成した班が避難誘導と安否確認を訓練どおりに行ったことで、犠牲者を最小限に食い止めることができた。(気仙沼市)
- 避難訓練を毎年繰り返し実施してきたことで、避難情報の伝達手段や避難場所の認知等基礎的な部分の定着を図ることができていたため、H 23 の豪雨災害時も、警戒情報の呼びかけと住民の早めの避難により、人的被害は生じなかった。(見附市)

■自主防災組織など住民組織の活性化
- 一人で避難することが難しい高齢者が多い地域事情を踏まえ、「1 人では逃げず、必ず 3 人以上で逃げる」という方針の訓練を自主防災組織や消防団を中心に 10 年以上も継続して実施してきた結果、避難行動がより徹底され、地域の防災力が保たれている。(土佐清水市下川口浦地区)

■住民の防災意識の醸成
- 実災害に即した訓練を継続したことにより、地域の防災に対する意識の向上が図られ、これまで 5,000 人規模であった訓練参加者が、最近は、市の人口の 1 / 4 に相生する 10,000 人規模の訓練参加者を維持している。(見附市)
- 訓練対象となった重里地区は広い集落なので小集落ごとに避難場所を地域の方々が選定し、避難行動を行い安否確認などを行う、避難意識の強化を図ることができている。(十津川村)

■市町村長及び職員の災害対応能力の強化
- 総合防災訓練の関係者会議ほかに、災害対策本部の本部班・情報庶務班の図上シミュレーション訓練(市長・副市長を含む)などを開催することにより、防災担当職員のみならす、市長や職員全体が防災意識を高め、災害対処能力を強化することができた。(ふじみ野市)

■関係機関との連携強化
- 島内での孤立が発生し、道路交通網や通常の通信手段が寸断される状況のもとで住民を適切に避難させることを目的とし、消防、警察、自衛隊、海上保安庁、DMAT、通信業者(地元FM)等が連携して、訓練に参加した。避難や搬送に加え、被害情報の収集や避難指示の伝達においても、関係機関が連携し、役割を確認しながら訓練が実施された。(奄美市)

■災害応急対策のマニュアル等への反映
- 市内全避難所を開設した避難所運営訓練を実施したことにより、多数の避難者の受入れに対する課題を検証した結果、様式の簡素化を図るなど、避難所運営体制の改善につなげた。(ふじみ野市)
- 高校生が、地域防災の担い手として避難所開設時のの受付、炊き出し等に活動に関する可能性を見いだすことができた。(上冨田町)

(「実践的な防災訓練の普及に向けた事例調査報告書」平成 26 年 3 月消防庁)

第二章　市町村の災害初動対応と「事前の備え」

表2-12　実践的な防災訓練に関するポイント

企画準備	参加人数や規模にとらわれることなく、より実践的な訓練を志向し、訓練の方法、日時、場所等を十分検討していくこと
	過去に地域で起きた災害の状況や教訓を、記録や調査を通して積極的に掘り起こし、訓練に生かしていくこと
住民参画	地域住民が避難場所の選定や避難方法の検討などに企画段階から主体的に参画し、訓練内容に反映させること
	地域住民自身の主体的な取組を把握するとともに、さらにその取組を参考にして、他の地域に広げていくこと
想定・シナリオ	地域の地理的条件や人口構成などを考慮し、地域の実情にきめ細かく対応した訓練内容にしていくこと
	「訓練でできないことは、本番ではできない」ということを鑑み、訓練の内容は実災害時の動きに即したものとすること
	訓練実施の時間帯を昼間以外に実施することなど様々な想定を試行し、訓練がマンネリ化しないよう工夫すること
関係機関	災害時に関係機関や団体等にすぐに必要な活動要請が行えるよう、幅広く関係機関に積極的な参加を呼びかけるとともに、企画段階から連携を強化しておくこと
庁内体制	市町村長が訓練の企画・実施に際し、庁内各部門への指示、住民・自主防災組織、関係機関への働きかけを行なうなどリーダーシップを発揮していくことや、自らが災害対処能力の研鑽に努めること
	防災担当職員が自らの問題意識を踏まえ積極的に発案するとともに、実施調整において積極的に行動していくこと
	防災担当以外の職員も災害時に主体的な行動がとれ、庁内一丸となって対処できるよう訓練に取り組むこと
継　続	訓練を継続的に行うことにより、住民の防災意識を維持するとともに、訓練の準備過程で構築された関係機関・団体や住民組織との連携体制を持続させること

（「実践的な防災訓練の普及に向けた事例研究報告書」平成26年3月消防庁）

図2-8　地域防災マップづくりの手順

①はじめは議題から
　地域安全・安心ネットワークや町内会、自主防災会の役員会などで、自主防災活動や避難場所、危険箇所などを話題にし、マップ作りの話をはじめます。

②計画しましょう
　地域を歩いて回る日にちと時間を決め、参加の呼びかけ、道具の準備、会場（集会所）の手配などを行います。

③みんなで歩こう
　実際に自分たちの地域を歩きます。避難場所や危険箇所などをチェックして、気がついたことをメモして写真におさめます。

④マップを書こう
　地域を歩いて確認できたことを、大きな地図に書き込んでいきます。みんなで意見を出し合い、地域防災マップにまとめていきます。

⑤⑥⑦パソコン等で作成
　まとめた意見は、パソコン等を利用して作成してみましょう。

⑧実際に使ってみよう
　できあがった地域防災マップを実際に利用します。マップを使っての学習会や地域防災訓練（避難訓練）、家族で危険な場所を確かめる防災まち歩きなどを計画してみましょう。

準備期間

実施

作成・利用

（「みんなで作る「地域防災マップ」」岡山市）

6　要配慮者の円滑な避難に向けた事前の取り組み

　高齢者や障害者等の要配慮者については、その円滑かつ迅速な避難の確保を図るため、事前の取り組みが特に求められる。
　要配慮者利用施設等については、施設管理者等に対し、災害計画を作成

第二章　市町村の災害初動対応と「事前の備え」

するにあたり、自然災害からの避難も対象となっていることを認識し、そ
れを盛り込んだ計画としなければいけないことを周知する必要がある。そ
の上で、計画の実効性を確保するため、災害計画等の内容や、避難訓練の
実施状況について、施設開設時及び定期的な指導監査において、災害計画
等への洪水や土砂災害等の対策の記載、訓練の実施状況、緊急度合に応じ
た複数の避難先の確保状況等について、確認すべきである。

　この際、入院患者や施設入所者等の要配慮者は移動に伴うリスクが高い
ことから、指定緊急避難場所への適切な移動手段が確保できないような場
合や事態が急変した場合に備え、緊急的な待機場所への避難や屋内での安
全確保措置をとれるよう、要配慮者利用施設の管理者は行政と連携して、
緊急度合いに応じた複数の避難先を平時から確保する必要がある。また、
要配慮者利用施設の管理者等は、行政や消防団等と連携を図り、避難時に
地域の支援を得られるようにする等の工夫をすることが望ましい。

図２－９　地域防災マップのイメージ

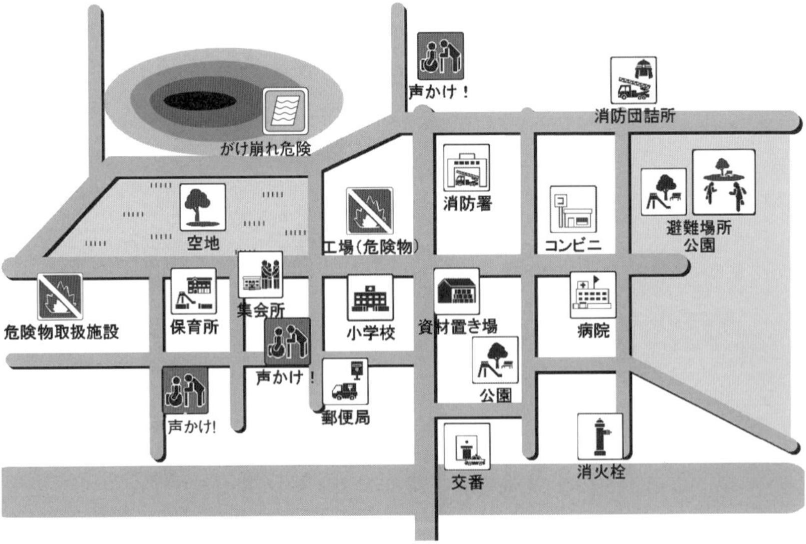

（「「自主防災」を題材にした防災マップづくりガイド
　　～モデル地域自主防災組織による活動報告書～」旭川流域連絡協議会）

II　迅速かつ的確な初動対応のための「事前の備え」

　一方、在宅の避難行動要支援者については、避難行動支援の実効性を高めるため、避難行動要支援者名簿を活用することが有効である。また、自治会や自主防災組織、消防団、福祉関係者等と連携し、誰がどのような手段で支援するのかといったことを明確にしておくとともに、地域全体での防災訓練の実施の際、避難支援の手順等も確認しておくことが望ましい。

　要配慮者利用施設への通所者については、家族とともに避難するのか、または施設で避難するのか、どちらの方法にするのかについて、本人・家族・施設の状況、自宅と施設の危険度の違い、避難のしやすさ等を勘案して、基本的な対応を事前に決めておくとよい。

　これらの取り組みを通じて、要配慮者利用施設等の入所者と在宅の避難行動要支援者の災害時の避難について、支援する側とされる側の人数のバランスを考慮しつつ、地域全体で実現性のある支援体制を構築することが重要である。この際、支援する立場の人は自らの身の安全確保を最優先とすることに留意すべきである。

7　実動機関等との日頃からの連携強化

　災害時には、市町村だけでは対応しきれない様々な事態が生じる。消防、警察、自衛隊等の実動機関や都道府県をはじめ、自主防災組織、学校、指定地方公共機関[注13]、企業などの様々な関係機関等との連携体制をいち早く構築しなければならない。

　このためには、日頃から会議や訓練を通じ、関係機関等とのネットワークをつくっておくことが重要である。この際、災害発生が予想される時点を含めた災害対応の段階に応じて、「いつ、誰が、何をするか」お互いの動きや相互の連絡方法を確認し合っておくことが連携の強化につながる。とりわけ、台風による水害のようにリードタイムの長い災害については、事態の進展に応じ、「いつ、誰が、何をするか」を時系列にとりまとめたタイムライン（防災行動計画）を策定し、関係者で共有しておくと良い（図2－10）。

図2-10 タイムラインの策定の流れ

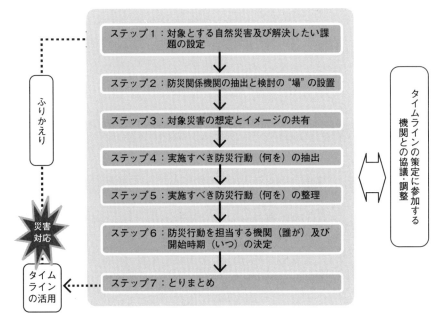

(「タイムライン（防災行動計画）策定・活用指針(初版)」平成28年8月
国土交通省 水災害に関する防災・減災対策本部 防災行動計画ワーキング・グループ

　また、いざ災害が発生した時に、各機関等がバラバラに動くことのないよう、災害対策本部の調整機能を高めておく必要がある。特に各実動機関とは、いざとなった時に遠慮なく連絡を取り合うことができるよう、日頃からトップ同士や職員同士が「顔の見える関係」をつくっておく必要がある。このため、実動機関が行う訓練や会議等に積極的に参加するともに、市町村が実施する訓練や会議等にはできるだけ多くの実動機関の参加を促すことも重要である。

　加えて、実動機関の参加する訓練においては、災害対策本部や現地合同指揮所における各派遣部隊の活動調整の手順、部隊の進出経路、活動拠点の候補地等について確認し合い、それに即して訓練しておくことが、派遣部隊のスムーズな受け入れにつながる。

II　迅速かつ的確な初動対応のための「事前の備え」

(注1) 「避難勧告等に関するガイドライン」（平成 29 年 1 月内閣府（防災））
を参照のこと。

(注2) 洪水予報河川は、水防法に基づき国土交通大臣又は都道府県知事が洪
水により国民経済上重大又は相当な損害が生じるおそれがあるものと
して指定した河川で、国土交通大臣又は都道府県知事は、気象庁長官
と共同して水位や流量の予測を行う。流域面積が大きい河川が対象と
なる。

(注3) 水位周知河川は、国土交通大臣又は都道府県知事が、洪水予報河川以
外の河川で洪水により国民経済上重大又は相当な損害が生じるおそれ
があるものとして指定した河川で、国土交通大臣又は都道府県知事は
水位や流量の情報提供を行う。流域面積が小さく洪水予報を行う時間
的余裕がない河川が対象となる。

(注4) 洪水浸水想定区域は、水防法に基づき、洪水予報河川及び水位周知河
川において、想定しうる最大規模の降雨により河川が氾濫した場合に
浸水が想定される区域として指定され、浸水した場合に想定される水
深、洪水継続時間等と合わせて公表される。

(注5) 災害捕捉率とは、災害が発生したときに、土砂災害警戒情報を発表し
ていた事例の割合。

(注6) 平成 20 年〜 23 年の 4 年間の平均。データは、国土交通省砂防部に
よる。

(注7) 災害発生率とは、土砂災害警戒情報を発表したときに、災害が発生し
た割合。なお、災害は、「人および人家等に被害があったもの」を対
象としており、実際には他にもがけ崩れあるいは土石流が発生してい
る可能性がある。

(注8) 土砂災害警戒区域は、土砂災害が発生した場合に住民等の生命又は身
体に危害が生ずるおそれがあり、警戒避難体制を特に整備すべき区域
で、土砂災害防止法に基づき都道府県が指定する。また、土砂災害特
別警戒区域は、土砂災害が発生した場合に建築物に損壊が生じ住民等

第二章　市町村の災害初動対応と「事前の備え」

の生命又は身体に著しい危害が生じるおそれがあり、一定の開発行為の制限及び建築物の構造をすべき区域で、都道府県が指定する。

(注9) 土砂災害危険箇所は、都道府県が調査した土砂災害（急傾斜地崩壊、土石流、地すべり）により被害のおそれがある地域。

(注10)「突発的局地的豪雨による土砂災害時における防災情報の伝達のあり方に関する検討会報告書」（平成27年4月）を参照のこと。

(注11) ここでの記述は、主として「市町村の災害対策本部機能の強化に向けて〜防災情報システム活用事例集〜」（平成29年7月消防庁）によった。

(注12) リスクコミュニケーションとは、リスクに関する情報を、行政、専門家、住民等の関係者間で共有し、相互に意思疎通を図ること。

(注13) 指定地方公共機関は、都道府県の区域において電気、ガス、輸送、通信、医療その他の公益的事業を営む法人、地方道路公社その他の公共的施設を管理する法人及び地方独立行政法人で、あらかじめ当該法人の意見を聴いて当該都道府県の知事が指定するもの。

第三章　平成26年広島豪雨災害を踏まえた警戒・避難システムの見直し

　広島市では、平成26年8月20日（水）未明、猛烈な集中豪雨に伴い生じた土石流やがけ崩れにより、77人（災害関連死3人を含む）の尊い命が失われるなど、甚大な被害がもたらされた。本災害では、深夜の時間帯に、2時間の雨量が局地的に200mmを超えるという猛烈な集中豪雨に突然見舞われ、安佐北区と安佐南区内の山裾や谷間に広がる一部の住宅地において、局地的に大きな被害が生じた。このような、「急激な気象の変化による突発的・局地的な豪雨で、事前の予測・対策が難しかった」、「深夜における過去に経験したことのない猛烈な豪雨で、住民の避難に危険が伴うことが想定された」などの厳しい状況の下で、広島市では災害警戒体制を敷き避難対策等を行ったところであるが、結果として避難勧告の発令は大規模な災害が発生した後となった。

　こうしたことを踏まえ、広島市では雨量情報等の収集・分析、住民への情報伝達、災害警戒体制、土砂災害の危険度の判断と避難勧告等の発令、避難所の設置など、本災害における初動対応の全般にわたり検証を行った。その結果明らかになった課題に対応するため、平成27年4月に、組織体制を含めた警戒・避難システムの大幅な見直しを行ったところである。本災害以降、広島市内では幸いにして人的被害を伴うような大災害は発生していないが、今後とも台風の接近等により災害対策本部等を設置した場合などにおいては、運用結果について検証を行い、必要に応じ見直しを行うことにしている。

　本災害のような、「避難勧告等発令の判断に迷うような急激な気象変

第三章　平成 26 年広島豪雨災害を踏まえた警戒・避難システムの見直し

化」、「住民の避難が難しい深夜の時間帯における突発的・局地的な豪雨」
は、全国のどの地域でも起こりうる。こうした災害から、住民の命を守
り、少しでも被害を少なくするには、「事前の備え」が不可欠である。「自
らの命は自ら守る」という住民の自助の意識の向上、共助の主体である自
主防災組織の強化、行政における急激な気象変化にも的確な対応が可能な
警戒・避難システムの構築を通じて、住民と行政が連携した「備え」が求
められる。

　第三章では、「本災害において広島市がどのように状況判断し、対応し
たか」、またこれを教訓に「警戒・避難システムについてどのような見直
しを行ったか」について紹介させていただきたい。この際、特に避難勧告
の発令に関し、8 月 20 日未明のポイントとなる時点毎に、気象状況の変
化に応じてどのような判断をしたのかについて、臨場感を持ってご理解い
ただけるよう、当該時点で入手した雨量データ等を交えて詳細に記述し
た。なお、Ⅰ　降雨の状況と被害の概要及びⅡ　広島市の初動対応の状況
の記述は、主として「平成 26 年 8 月 20 日の豪雨災害　避難対策等に係
る検証結果」（平成 27 年 1 月　8.20 豪雨災害における避難対策等検証部
会）によるものである。

104

I　降雨の状況と被害の概要

1　8月19日夜から8月20日未明までの降雨の状況

　今回の豪雨は、8月19日19時頃から23時頃までの降雨と、8月20日0時以降の降雨とに分けられる。

　前半の降雨では、広島県南西部沿岸域を中心に30～50mm/h程度の激しい雨が降った。土砂災害が集中的に発生した安佐南区、安佐北区の被災地では、10～20mm/hのやや強い雨が降ったものの、4時間の総雨量は50～60mm程度であり、土砂災害を警戒するまでには至らなかった。19日23時過ぎにいったん小康状態となったが、翌日0時過ぎに広島市北西部及び廿日市市の山間部にかけて新たに積乱雲群が発生し、発達しながら東に移動した。安佐南区及び安佐北区上空では、20日1時40分頃から再び雨が降り始め、降水系の停滞とともに雨足が急激に強くなり、上空を次々と通過する雨雲により猛烈な雨が降り続き、2時から4時までのわずか2時間に200mmを超える猛烈なものとなった（**図3－1、3－2**）。

　この雨は、次々と発生した積乱雲が一列に並び、狭い範囲に集中して継続的に大雨が降る「バックビルディング現象」によるものである。このような現象は、下層の湿った空気の流れや個々の積乱雲の移動をつかさどる上空の風など、様々な気象条件が合致して初めて出現する。しかしながら、数時間後以降のいつどの場所で新たに発生し、どのくらい続くかまでは、現在の気象予報技術でも予測困難であるとされている。

105

第三章　平成 26 年広島豪雨災害を踏まえた警戒・避難システムの見直し

図3－1　被災地付近の時間雨量及び実効雨量

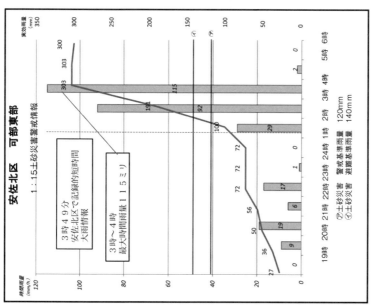

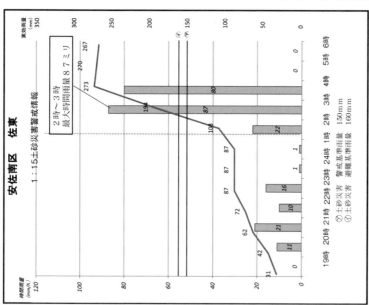

I　降雨の状況と被害の概要

図3－2　高解像度降水ナウキャスト

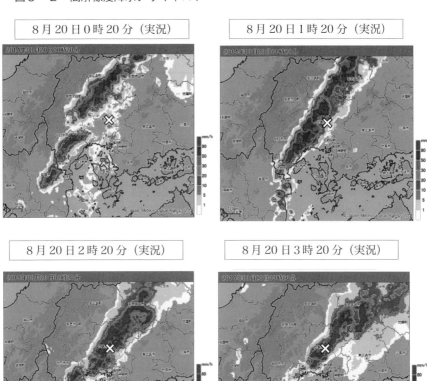

※　×は被害が集中した地域

2　被害の概要

1.で述べた猛烈な集中豪雨に伴って、8月20日の3時頃以降、土石流107渓流、がけ崩れ59箇所が、安佐北区と安佐南区内の一部地域に集中して発生し、山裾や谷間に広がる住宅地に甚大な人的被害、家屋被害をもたらした（表3－1、図3－3、写真3－1、3－2）。

107

第三章　平成26年広島豪雨災害を踏まえた警戒・避難システムの見直し

表3-1　被害状況

人的被害		物的被害（住家）			
死者	負傷者	全壊	半壊	一部損壊	床上浸水	床下浸水
77人※	68人	179件	217件	189件	1,084件	3,080件

※災害関連死3人を含む。

写真3-1　安佐南区八木地区

写真3-2　安佐北区可部地区

108

I 降雨の状況と被害の概要

図3-3 災害発生場所

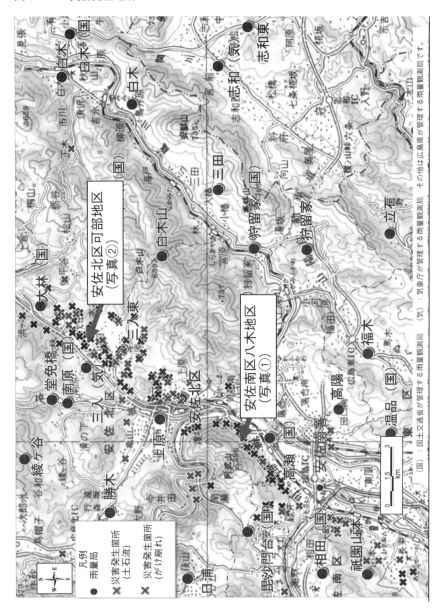

第三章　平成 26 年広島豪雨災害を踏まえた警戒・避難システムの見直し

Ⅱ　広島市の初動対応の状況

　本災害における広島市の初動対応の状況を、時系列でまとめたのが（**表3－2**）である。以下個別の対応ごとに述べていく。

1　気象情報、雨量予測情報の入手、雨量観測データの収集

　夜間・休日などの勤務時間外における、気象及び災害に関する情報の収集・伝達については、消防局危機管理部に、専任職員を 24 時間体制で配置するとともに、注意報発表時は 2 名、警報発表時は 10 名で行うこととしていた。今回の災害では、注意報発表時から 2 名、大雨警報発表時点には 14 名体制で、次のように情報収集等に当たった。

・気象情報については、気象警報・注意報、記録的短時間大雨情報、土砂災害警戒情報、指定河川の洪水情報などを市の防災情報メール[注1]やファクスで入手するとともに、気象庁のホームページや広島県防災Webで気象情報を随時確認していた。

・雨量予測情報については、気象庁の解析雨量・降水短時間予報（6 時間先まで 1 時間毎の降水状況を予測）及びレーダー・降水ナウキャスト（1 時間先まで 5 分毎の降水状況を予測）で降水域の移動の変化を、国土交通省のXバンドMPレーダ（雨の強さや範囲を 1 分毎に観測）及び民間気象会社の水防対策支援情報で現時点の降水状況及び降水経過をWeb上で随時確認していた。また、広島地方気象台、民間気象会社に、今後の雨量予測等の情報を電話で随時確認していた。

・雨量観測データについては、大雨注意報発表後、毎正時（1 時間毎）に県及び市の雨量計の雨量情報を収集し、土砂災害警戒・避難基準雨量表（市内 52 区域の時間雨量、累加雨量、実効雨量[注2]）を作成するとともに、広島県土砂災害危険度情報で、5 kmメッシュで判定される土砂災害発生危険度判定（以下「メッシュ情報」という。）を随時確認していた。

110

II 広島市の初動対応の状況

表3－2 8.20豪雨災害における初動対応状況

気象情報等	市の体制及び市民への情報伝達状況
	（8月19日）
16：03 大雨・洪水注意報発表	
21：26 大雨・洪水警報発表	21：50 大雨に関する注意喚起（メール、防災行政無線
23：33 洪水警報解除	
	（8月20日）
0：57 洪水注意報発表	
1：15 土砂災害警戒情報発表	
1：21 洪水警報発表	1：32 土砂災害に関する注意喚起（メール、防災行政無線）
	1：35 災害警戒本部設置
3：00頃	3：21 消防への通報（土砂災害に係る救助事案第一報）※以降、多数の救助事案の通報あり
土石流107渓流、がけ崩れ59箇所が発生。	3：30 災害対策本部設置
3：49 記録的短時間大雨情報（安佐北区）	3：55 避難勧告発令の決定
	3：57 洪水に関する注意喚起（メール、防災行政無線）
	4：15 避難勧告（安佐北区可部南、三入等）発令 ※以降、順次発令
	6：28 県知事に自衛隊の派遣を要請
	7：30 第1回災害対策本部本部員会議開催
	7：58 避難指示（安佐南区八木四丁目の一部）発令 ※以降、必要に応じ発令
16：20 洪水警報解除 洪水注意報発表	11：30 県知事に緊急消防援助隊の派遣を要請
18：30 土砂災害警戒情報解除	

第三章　平成 26 年広島豪雨災害を踏まえた警戒・避難システムの見直し

2　住民への情報伝達

　大雨警報又は土砂災害警戒情報等が発表された際に、防災行政無線及び防災情報メールにより、防災情報等を伝達するとともに、注意喚起及び自主避難の呼びかけ（避難準備情報）を次のように実施した。

・大雨警報発表時（19 日 21 時 26 分）
　　「大雨に関する注意喚起（避難準備情報）」を発信
・土砂災害警戒情報発表時（20 日 1 時 15 分）
　　「土砂災害に関する注意喚起（避難準備情報）」を発信 (注3)
・避難基準雨量超過時（安佐南区奥畑、佐伯区五日市南東部・五日市北東部）（20 日 2 時 15 分）
　　「大雨に関する注意喚起（避難準備情報）」を発信
・根谷川水防警報発表時（20 日 3 時 30 分）
　　「洪水への警戒（避難準備情報）」を発信（安佐北区のみ）

3　災害警戒本部・災害対策本部の設置

①　災害警戒本部の設置

　災害警戒本部は、土砂災害警戒・避難基準雨量表の実効雨量が警戒基準雨量に達した時点で、今後の降水予測等を踏まえ、設置を判断することとしていた。

　20 日 1 時 15 分に土砂災害警戒情報が発表されたが、この時点で佐伯区湯来町（砂谷）において、メッシュ情報（0 時 30 分）の実況で基準値を超過し、1 時時点（1 時 15 分判明）の実効雨量が警戒基準雨量を超えていた。また、今後の降水予測では、佐伯区湯来町にかかっていた強い雨域が北東方面に動いていたことから、警戒の対象を佐伯区のみとせず、1 時 35 分に、市、安佐南区、安佐北区、佐伯区に災害警戒本部を設置した（図 3 － 4）。

112

Ⅱ　広島市の初動対応の状況

図3－4　20日1時15分頃の雨量の状況

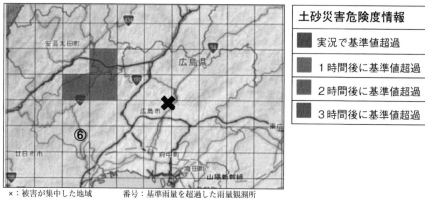

×：被害が集中した地域　　番号：基準雨量を超過した雨量観測所

○土砂災害警戒・避難基準雨量表　1：00雨量表（1：15判明）

行政区	避難勧告対象区域	時間雨量	累加雨量	実効雨量	警戒	避難	基準該当	雨量観測所
西区	西区南西部	0	81	98	110	130		①
安佐南区	山本	0	66	96	130	150		②
	佐東	1	60	87	150	160		③
安佐北区	可部南部	0	49	72	140	160		④
	可部東部	0	49	72	120	140		
	三入	2	41	63	120	140		⑤
佐伯区	砂谷	60	85	138	130	160	警戒	⑥

※網かけは新たに警戒及び避難基準雨量を超過したところ

② 災害対策本部の設置

　災害対策本部は、実効雨量が避難基準雨量に達した時点で、今後の降水予測等を踏まえ、設置を判断することとしていた。
20日2時時点（2時15分判明）で、災害警戒本部を設置していた3区では、40～50mm/hの強い雨が降り、安佐南区（奥畑）及び佐伯区（五日市南東部、五日市北東部）で実効雨量が避難基準雨量をわずかに超えた。しかしながら、佐伯区から安佐北区にかけての局地的な雨域内にのみ強い降雨があったが、少し外れるとほとんど雨が降っておらず、かつ、この雨域が少しずつ北東側に動いていたことから、この時点での災害対策本部の設置は必要ないと判断した（**図3－5**）。

第三章　平成 26 年広島豪雨災害を踏まえた警戒・避難システムの見直し

図3－5　20日2時15分頃の雨量の状況

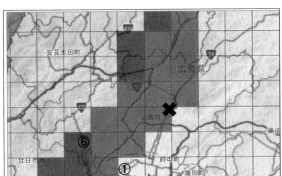

※網かけは新たに警戒及び避難基準雨量を超過したところ

　20日3時時点（3時15分判明）で、安佐北区可部南部・可部東部で大雨警報の発表基準である60mm/hをはるかに超える92mm/h、三入で89mm／h、安佐南区佐東で87mm/hの降雨を確認した。また、実効雨量が、2時時点で警戒基準雨量にも達していなかった安佐南区（山本、佐東）及び安佐北区（可部南部、可部東部、三入、大林）の雨量観測所において、一気に避難基準雨量を超えたため、大規模な災害の発生が予想された。このため、3時30分に、市、安佐南区及び安佐北区に災害対策本部を設置した（**図3－6**）。

　なお、災害警戒本部及び災害対策本部の設置に伴う、職員の動員状況は**表3－3**のとおりであった。

II 広島市の初動対応の状況

図3－6 20日3時15分頃の雨量の状況

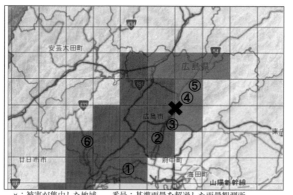

×：被害が集中した地域　　番号：基準雨量を超過した雨量観測所

○土砂災害警戒・避難基準雨量表　3：00雨量表（3：15判明）

行政区	避難勧告対象区域	時間雨量	累加雨量	実効雨量	警戒	避難	基準該当	雨量観測所
西区	西区南西部	44	141	156	110	130	警戒 避難	①
安佐南区	山本	55	146	173	130	150	警戒 避難	②
	佐東	87	169	194	150	160	警戒 避難	③
安佐北区	可部南部	92	170	191	140	160	警戒 避難	④
	可部東部	92	170	191	120	140	警戒 避難	
	三入	89	150	171	120	140	警戒 避難	⑤
佐伯区	砂谷	0	101	152	130	160	警戒	⑥

※網かけは新たに警戒及び避難基準雨量を超過したところ

表3－3　職員の動員状況

```
災害警戒本部設置（1:35）、災害対策本部設置（3:30）
〔全　市〕
    2:00    366人／   754人（49％）
    3:00    604人／   754人（80％）
    4:00    753人／ 1,554人（48％）
    5:00  1,232人／ 1,554人（79％）
〔安佐南区〕                    〔安佐北区〕
    2:00     0人／  50人（ 0％）    2:00    2人／  53人（ 4％）
    3:00    11人／  50人（22％）    3:00   29人／  53人（55％）
    4:00    34人／ 135人（25％）    4:00   52人／ 141人（37％）
    5:00    65人／ 135人（48％）    5:00   85人／ 141人（60％）
    ※　動員状況は、参集人数／動員基準人数
```

第三章　平成 26 年広島豪雨災害を踏まえた警戒・避難システムの見直し

4　土砂災害の危険度の判断と避難勧告の発令
①　当時の避難勧告発令の判断基準
　発災当時の避難勧告発令の判断基準は、地域防災計画において次のとおりとなっていた。

　　○　避難の勧告を発令する判断の基準は、
　　　①　気象台から大雨特別警報が発表された場合
　　　②　避難基準雨量を超えた場合
　　　③　気象台と広島県から土砂災害警戒情報が発表された場合
　　　④　巡視等によって危険であると判断した場合
　　　⑤　土砂災害緊急情報が通知された場合
　　によるものとし、今後の気象予測等を勘案するとともに、危険区域の巡視活動を行いながら対応する。

　　≪今後の気象予測等を勘案する際の注意事項（土砂災害の危険性を判断する場合）≫
　　　①　市域に影響を及ぼす雨域の動き方や急激に発生する雨雲等に十分注意する。
　　　②　気象庁が発表する降水短時間雨量、広島地方気象台と広島県土木局砂防課が発表する土砂災害警戒情報並びに広島地方気象台等からの気象予測等の情報を踏まえる。
　　　③　雨域の発達、移動過程の観測を行うため、ＸバンドＭＰレーダを活用する。

　このように、実効雨量が避難基準雨量に達した場合や、土砂災害警戒情報が発表された場合でも、直ちに避難勧告を発令するのではなく、「今後の気象予測等を勘案」して発令することになっていた。

② 避難勧告発令の判断

　本災害においては、19日16時3分の大雨注意報発表以降、毎正時に取りまとめる土砂災害警戒・避難基準雨量表の実効雨量が避難基準雨量に達したかどうかを避難勧告発令の判断のベースにしていた。加えて、土砂災害危険度情報のメッシュ情報や、気象庁の発表する降水短時間予報等を補完情報にして、判断を行っていた。

　観測雨量や実効雨量が集約される時点のうち、判断ポイントとなる時点（20日1時15分頃、2時15分頃、3時15分頃）における市の判断は次のとおりである。

・1時15分の時点で、土砂災害警戒情報が発表され、佐伯区湯来町付近でメッシュが表示（1時間後に基準値超過）されたが、同地区（佐伯区砂谷）の実効雨量は避難基準雨量に達していなかった。また、60分雨量分布の推移をみると雨域が北東方面に動いていたため、間もなく同地区の降雨は止むだろうと判断し、避難勧告を発令しなかった（**図3－4**）。

・2時15分の時点で、西区南西部で実効雨量が警戒基準雨量を超えたが、この時西区にかかっていた雨域は北東へ移動しており、避難基準雨量には達しないと判断した。一方、被害が集中した安佐南区、安佐北区でメッシュが表示（1H後に基準値超過）されたが、実効雨量は警戒基準雨量にも達していなかった。また、60分雨量分布の推移をみると佐伯区から安佐北区にかかる雨域内で局地的に強い降雨があったが、この雨域は北東へ移動しており、避難基準雨量には達しないと判断し、避難勧告は発令しなかった（**図3－5**）。

・3時15分の時点で、安佐南区、安佐北区で実効雨量が警戒基準雨量及び避難基準雨量を一気に超える区域が発生したことが判明し、避難勧告発令の検討を始めたが、夜間・豪雨の中での避難（避難所への移動）の際の被災の危険性を考え、直ちに発令の決定はしなかった（**図3－6**）。

第三章　平成 26 年広島豪雨災害を踏まえた警戒・避難システムの見直し

　20 日 3 時 55 分には、避難勧告発令を決定したが、避難勧告の発令対象区域、開設する避難所の決定、避難所を開設するための施設管理者や自主防災会会長等への連絡、派遣する職員の手配などに時間を要し、結果として、避難勧告の発令は安佐北区で 4 時 15 分、安佐南区で 4 時 30 分になった。

5　避難所の開設

　避難勧告発令の決定後、安佐南区役所、安佐北区役所とも、避難勧告の発令にあわせて、避難所の開設を行おうとしたが、開錠を依頼する自主防災会の役員や施設管理者への連絡がつかなかったり、予定していた避難所が浸水等により使えず代わりの施設を開設する手配等に時間を要した。この結果、安佐北区おける最初の避難所の開設は 20 日 4 時 20 分、安佐南区においては 4 時 35 分となった。

118

Ⅲ　平成26年広島豪雨災害を踏まえた警戒・避難システムの大幅な見直し

　本災害の初動対応おいて明らかになった課題と、それに対応するため平成27年4月に行った警戒・避難システムの大幅な見直しの内容について、個別の項目ごとに述べていく。

1　危機管理体制の見直し
①　危機管理部門の市長事務部局への移管
＜明らかになった課題＞
　危機管理部門は消防局に置かれていたが、災害発生時には、消防局は救助・救急、警戒、消火活動等の膨大な本来業務に忙殺されるうえ、災害対策本部の事務局の業務を担わなければならず過度の負担が生じた。また、消防局の一つの部（危機管理部）として設置され、全庁的な調整等を行うことを前提としていなかった。

＜課題を踏まえた見直しの内容＞
・消防局にあった危機管理部門を市長事務部局に移管し、危機管理課、災害予防課及び災害対策課の三課からなる危機管理室を設置した。
・危機管理室には、災害発生時等に全庁的な調整を行うに当たりリーダーシップが発揮できるよう、危機管理担当局長を置いた。また、危機管理室長に消防職員を充てるとともに、消防、警察、自衛隊等の実動部隊との円滑な連携を図るため、消防職員のみならず県警察本部からの出向職員、自衛隊のＯＢ職員を配置している。

119

第三章　平成 26 年広島豪雨災害を踏まえた警戒・避難システムの見直し

・いつ発生するかわからない災害に迅速に対応するため、宿日直を導入し、24 時間 365 日常時 2 名を配置した。また、危機事態の際に迅速に指揮体制を確立するため、危機管理室長は市役所近くの官舎に入居している。

② 早い段階からの区役所職員の参集
＜明らかになった課題＞
　区役所職員は、区に災害警戒本部が設置された際に初めて参集することになっていた。このため、深夜における召集となったうえ、猛烈な豪雨による交通手段への影響もあり、参集に時間を要した。また、20 日朝まで区長と連絡が取れない区があった。

＜課題を踏まえた見直しの内容＞
・従来の災害警戒本部体制、災害対策本部体制の前段階として、注意体制（大雨注意報発表時）、警戒体制（大雨警報発表時）を新設し、早い段階から職員が参集することとした（**図 3 − 7**）。

図 3 − 7　区役所等の体制の見直し

【新設】	注意体制（大雨注意報発表時）	市	3 名以上の体制
		区	1 名以上の体制
【新設】	警戒体制（大雨警報発表時）	市	危機管理室長指揮の下、10 名以上の体制
		区	副区長指揮の下、避難勧告が発令できる体制

災害警戒本部体制	市	本部長（消防局長）
	区	本部長（副区長）
災害対策本部体制	市	本部長（市長）
	区	本部長（区長）

災害警戒本部体制	市	本部長（危機管理担当局長）
	区	本部長（区長）
災害対策本部体制	市	本部長（市長）
	区	本部長（区長）

・警戒体制時には副区長が参集し、気象が急激に変化し区長不在の場合
　は、避難勧告等の発令を判断することとした。
・消防活動に関する情報を共有するため、区本部に消防署副署長を配置す
　ることとした。

2　情報収集・分析の時間間隔の短縮
＜明らかになった課題＞
　土砂災害の危険度は、一時間毎（毎正時）の観測雨量に基づいて作成す
る土砂災害警戒・避難基準雨量表の実効雨量（約15分後に判明）を主情
報として判定していたので、本災害のような急激な気象の変化に迅速な
対応ができなかった。仮に一時間毎の観測雨量ではなく、10分間雨量に
より10分毎に実効雨量を算出していれば、安佐南区・安佐北区について
避難勧告が必要との危険度認識ができる材料が揃ったのは、20日2時30
分頃だと考えられ、本災害における実績（3時の観測雨量に基づくもの
で、3時15分頃判明）よりも、45分早い段階で判断できた可能性があ
る。

＜課題を踏まえた見直しの内容＞
・観測雨量等の情報収集・分析の時間間隔を、1時間毎から10分毎（下
　記のシステムの完成までは30分毎）に短縮することとした。
・情報収集・分析を迅速かつ的確に行うため、コンピュータにより雨量を
　自動集計するとともに、次のような機能を持つ「防災情報共有システ
　ム」を構築し、平成29年4月から運用開始した。
　①　実効雨量やメッシュ情報を自動取得し、地区別の危険度を迅速かつ
　　　的確に把握（10分間隔で提供される雨量等の収集・集計）
　②　避難勧告等の基準を超過したエリアをアラートで知らせ、対象とな
　　　る世帯数・人員を自動抽出
　③　他システムとの連携

第三章　平成 26 年広島豪雨災害を踏まえた警戒・避難システムの見直し

・広島県河川防災情報システム（ 雨量、水位、潮位、ダム諸量等の
　情報を取得）
・広島県土砂災害危険度情報システム（メッシュ情報を取得）　等

3　避難勧告等発令、避難所の設置に関する見直し
①　避難勧告等の発令者の明確化
＜明らかになった課題＞

　地域防災計画において「市長（その補助執行機関としての区長、消防局
長及び消防署長を含む。）」が避難勧告を発令することになっていたため、
発令者が明確でなく、責任の所在があいまいになるおそれがあった。

＜課題を踏まえた見直しの内容＞

・原則として区長が発令。ただし、区の応急組織体制が整う前で緊急を要
　する場合及び 津波による場合は市長が発令することとした。
・市長又は区長が不在の場合の代理発令者を明確化した。

【改定後の地域防災計画】

・避難勧告・指示等の発令者については、原則区長とする。ただ
　し、区の応急組織体制が整う前に、緊急に避難勧告等を発令す
　る必要がある場合や、津波による避難勧告等を発令する必要が
　ある場合は市長が発令する。
・市長又は区長が不在の時に、避難勧告・指示等を発令する状況
　が生じた場合には、次に記載する代理者が基準に基づき、躊躇
　なく 避難勧告・指示等を発令する。

市長が不在の場合		区長が不在の場合	
代理順位	代 理 者	代理順位	代 理 者
1	危機管理室担任副市長	1	副区長

2	上記以外の副市長	2	建設部長又は農林建設部長
3	危機管理担当局長	3	厚生部長
4	危機管理室長	—	—

② 避難勧告等の発令基準の明確化
＜明らかになった課題＞

　実効雨量が避難基準雨量を超えた場合や土砂災害警戒情報が発表された場合でも、「今後の気象予測等を勘案」して判断することになっていたため、本災害のような事前の予測が難しい突発的・局地的な豪雨の場合、迅速な判断ができなかった。また、土砂災害警戒情報、メッシュ情報は参考情報と位置付けられていた。

＜課題を踏まえた見直しの内容＞

・避難勧告等の発令基準を客観的基準に改め（**表３－４**）、実効雨量が避難基準雨量を超えた場合や、土砂災害警戒情報が発表された場合（メッシュ情報により危険度が表示された区域を対象）には、速やかに避難勧告を発令することとした。

③ 避難所開設と避難勧告発令の関係の明確化
＜明らかになった課題＞

　避難勧告を発令する場合、避難所の開設を前提としていた。このため、20日３時55分に避難勧告の発令を決定したが、開設する避難所の決定、避難所を開設するための施設管理者や自主防災組織の役員への連絡、派遣する職員の手配などに時間を要し、避難勧告の発令は安佐北区で４時15分、安佐南区で４時30分になった。

＜課題を踏まえた見直しの内容＞

・避難所の開設の有無にかかわらず、迅速に避難勧告を発令するととも

第三章　平成 26 年広島豪雨災害を踏まえた警戒・避難システムの見直し

表 3 － 4　避難勧告等の発令基準の明確化

区　　分	旧	見直し後	暫定運用　※
注意喚起	【自主避難】	・大雨警報発表	
避難準備情報	下記の基準に加え、今後の気象予測を勘案 ・大雨警報発表 ・実効雨量で警戒基準雨量到達	・実効雨量で警戒基準雨量到達 ・メッシュ情報で危険度表示（2 時後又は 1 時間後に基準値を超過）	・大雨注意報発表かつメッシュ情報で危険度表示（大雨注意報基準超過）
避難勧告	下記の基準に加え、今後の気象予測を勘案 ・大雨特別警報発表 ・実効雨量で避難基準雨量到達 ・土砂災害警戒情報発表	・実効雨量で避難基準雨量到達 ・土砂災害警戒情報発表かつメッシュ情報で危険度表示（1 時間後又は実況で基準値を超過）	・大雨警報発表かつメッシュ情報で危険度表示（大雨警報基準超過）
避難指示	・災害が発生するなど危険が迫っている場合	・大雨特別警報発表 ・記録的短時間大雨情報発表	・土砂災害警戒情報発表かつメッシュ情報で危険度表示（3 時間後、2 時間後、1 時間後又は実況で基準値を超過）

※ 8.20 豪雨災害の被災地で不安定土砂に対する砂防ダムが完成していない地域の基準

に、避難所の開設が間に合わない場合は、その旨を伝達することとした。
・迅速に避難所を開設するため、自主防災組織の複数の人に鍵を管理してもらうようにした。

④　避難準備情報の活用
＜明らかになった課題＞
　19 日の 21 時 50 分から自主避難の呼びかけ（避難準備情報）をしていたが、具体的にどのような意味の情報であるか事前に十分周知されておらず、早めの避難に結びつかなかった（住民アンケートによれば、避難した

124

人のうち、19日から20日2時までの間に避難した人は8%にとどまった。）。

<課題を踏まえた見直しの内容>
・避難準備情報の発令基準を明確化した（**表3-4**）うえで、その意味（いつでも避難できるように準備。避難に時間がかかる高齢者や障害者等は避難を開始）を日頃から広報紙、ホームページ、研修会等を通じて周知を図っている。
・従前は避難勧告発令時に開設していた避難所を、避難準備情報発令時から開設することとした。
・台風の接近などで夜中に避難勧告等の発令が予想される場合には、安全に避難できるよう早い段階で避難準備情報を発令するようにしている。

4　多様な情報伝達手段の活用
<明らかになった課題>
　気象情報、注意喚起、避難勧告等の伝達は、防災行政無線、防災情報メール（登録制）、テレビ・ラジオ（Ｌアラート利用）等を通じて行われたが、防災行政無線（屋外スピーカー）は豪雨の際は聞こえなかった。また、サイレンは自主防災組織に吹鳴を依頼していたが、徹底されておらず、避難勧告発令時に活用できなかった。

　一方、緊急速報メールは、強制的かつ一斉に配信されることから、広域的な災害で大多数の住民に影響があるような場合に使用することにしていたため、本災害のような限定的な地域に対する避難勧告の配信には活用しなかった。

<課題を踏まえた見直しの内容>
・危険区域内の避難行動要支援者宅等への防災行政無線戸別受信機の設置、防災情報メールの登録促進[注4]などにより、情報伝達手段の多重

125

第三章　平成 26 年広島豪雨災害を踏まえた警戒・避難システムの見直し

化を進めている。

・緊急速報メールを局地的な災害でも活用することとし、避難勧告等発令時には区単位で配信している。

・サイレンの機能強化のため、区役所等から吹鳴の遠隔操作化及び屋外スピーカーの併設を行っている。

5　住民の防災意識の向上、地域防災力の強化

＜明らかになった課題＞

土砂災害の危険性が高い地域に居住しているにもかかわらず、危険度を認識している人が少なく、避難行動をとらなければと思った人が少なかった。

＜課題を踏まえた見直しの内容＞

・平成 26 年 11 月の土砂災害防止法改正により、都道府県に対し基礎調査の結果の公表が義務付けられたが、これに加えて、土砂災害警戒区域等の基礎調査実施前の地域も含め、危険渓流や急傾斜地等の危険区域を図面等により、自主防災組織を通じて住民に危険度を周知している。

・避難勧告が発令される前でも、住民自らの判断で事前に避難ができるよう避難所や避難方法、雨量情報等の入手先などを自主防災組織へ説明するとともに、広報紙やチラシ、ホームページ等で周知している。あわせて、すでに豪雨になっているなど避難所への移動が危険な場合は、付近の堅固な建物や、家の中の崖・山の反対側の上階への避難など、状況に応じて身を守ることの周知を図っている。

・本災害に係る市への寄付金を活用して防災まちづくり基金（1 億 6 千万円）を設置し、わがまち防災マップの作成支援（平成 27 年度：6 学区・94 地区、平成 28 年度：35 学区・362 地区）や地域の防災リーダーの養成（平成 27 年度：49 人、平成 28 年度：97 人）など、自主防災組織の活動支援を行い、地域防災力の強化を図っている。

IV 最近の警戒・避難システムの運用・見直しの状況

1 警戒・避難システムの最近の運用状況と今後の課題

　警戒・避難システムの大幅な見直しを行った平成27年4月以降、台風や大雨の際には見直し後のルール・基準等に従って、災害警戒本部・災害対策本部等を設置し、避難勧告等の発令などの避難対策を行っている。

　現行の基準等に基づく対応例として、平成28年6月22日（水）から23日（木）にかけての大雨^(注5)への対応を時系列で示したのが（**表3－5**）である。梅雨前線に伴う大雨のピークは6月22日の深夜から23日未明にかけてであったが、22日の朝の段階で、注意報、警報の発表に伴い注意体制、警戒体制を敷いた。17時33分、平成26年広島豪雨災害の被災地で避難勧告等の発令基準の暫定運用^(注6)を行っていた安佐南区八木・梅林学区について、メッシュ情報で大雨注意報基準を超過したため、避難準備情報を発令した。

　22日18時00分には、佐伯区内の一部の地区で実効雨量が警戒基準雨量を超えたため、市及び佐伯区に災害警戒本部を設置し、避難準備情報を発令した。以降、警戒基準雨量を超えた地区について、順次該当区に災害警戒本部を設置し、避難準備情報を発令した。

　さらに22日22時10分には、西区及び佐伯区内の一部の地区で実効雨量が避難基準雨量を超えたため、市、西区及び佐伯区に災害対策本部を設置し、避難勧告を発令した。以降、避難基準雨量を超えた地区について、順次該当区に災害対策本部を設置して、避難勧告を発令した。これにより、全8区の102小学校区に対して避難勧告を発令した。

　このように各区役所において、客観的基準に達した地区ごとに順次避難勧告等を発令したが、こうしたきめ細かな対応を行うに当たっては、新たな課題も明らかになった。避難勧告等の主要な伝達手段である防災行政無

第三章　平成26年広島豪雨災害を踏まえた警戒・避難システムの見直し

表3−5　平成28年6月の大雨への対応

（6月22日）	
気象情報等	市の体制及び市民への情報伝達状況
7：46　大雨・雷注意報発表	注意体制設置
13：33　大雨警報発表	警戒体制設置
13：49　洪水注意報発表	
17：33　大雨注意報基準超過 　　　　（メッシュ） 　　　　（安佐南区八木・梅林）	【暫定】避難準備情報発令 　　　　（安佐南区八木・梅林学区ＪＲ 　　　　可部線以西）
18：00　佐伯区五日市北東部 　　　　警戒基準雨量超過（実効雨量）	市・佐伯区災害警戒本部設置 ※以降順次設置 避難準備情報（佐伯区石内、五月が丘 　学区）発令 ※以降順次発令
22：10　西区南西部、佐伯区五日市 　　　　南東部 　　　　避難基準雨量超過（実効雨量）	市・西区・佐伯区災害対策本部設置 ※以降順次設置 避難勧告発令 （山田、古田台、美鈴が丘、八幡東学 　区等） ※以降順次発令
（6月23日）	
0：29　洪水警報発表 1：30　土砂災害警戒情報発表 5：16　雷注意報解除 6：00　土砂災害警戒情報解除 6：53　大雨・洪水警報解除 　　　　（大雨・洪水注意報発表）	客観的基準で順次避難勧告等を発令 （102小学校区に対し避難勧告を 発令） ※　防災行政無線の周波数が1 　チャンネルのため、発令から放 　送までに時間を要した。

　線については、無線の周波数が全市域で1チャンネルしか割り当てられて
いないため、一つの区が放送している間は別の区が使用できず、放送の
「順番待ち」が生じてしまい、一部地域で放送が大幅に遅れる事態が生じ
たのである。

　現在は、運用面の工夫として、緊急度に応じて避難準備情報よりも避難

128

IV　最近の警戒・避難システムの運用・見直しの状況

勧告を優先して放送することや、複数の区が同時に避難勧告等を発令する
必要がある場合に各区役所からの放送ではなく危機管理室においてまとめ
て放送すること、また、短く簡潔に放送することなどにより、緊急性の高
い避難勧告の放送に遅れが生じないよう対応することにしている。しかし
ながら、この問題を根本的に解決するためには、広島市の様に市域が広く
区ごとに避難勧告等を発令するような場合には、チャンネルを増やす必要
があると考えている。

2　避難勧告等の発令基準の見直し

　前述のように広島市では、平成27年4月以降は避難勧告等の発令の判
断指標として、実効雨量とメッシュ情報（広島県土砂災害危険度情報）の
両方を用いてきた。実効雨量と、メッシュ情報の基となる土壌雨量指数
は、共に土壌の水分量を表すもので、水分量が一定値に達したとき、崩
壊・土石流等の発生のおそれがあるとして判断する指標である。実効雨量
は1つの流出孔を持つ1段のタンクモデル（72時間半減期）として、土
壌雨量指数は表面流出、表層浸透流出、地下水流出をモデル化した3段タ
ンクモデル（1段タンクは1.5時間半減期相当、2、3段タンクは72時
間半減期相当）として計算されている。

　両指標とも、土砂災害の危険性を判定する指標としては一般的なもので
あり、土壌の水分量がピークに達する時期、増加減少の推移特性は類似し
ているが、計算方法が異なることから長雨や断続的な降雨の場合には、指
数（土壌の水分量）の乖離が大きくなるケースがある。

　実効雨量は、72時間半減期で計算されるため、長雨や断続的な降雨の
場合、数値の高い状態が続く特徴があり、その後の降雨が少量であっても
警戒基準や避難基準などの基準雨量に達することが多く、実際の危険度と
相違している場合がある。このような状況の下では、実効雨量による避難
勧告等は、土壌雨量指数を使ったメッシュ情報の危険度が表示されるより
もかなり早い時期に発令することとなる。メッシュ情報がテレビ、パソコ

129

第三章　平成 26 年広島豪雨災害を踏まえた警戒・避難システムの見直し

ン、スマートフォン等で、広く市民に提供されている現状において、メッシュ情報の危険度表示より早いタイミングでの避難勧告等の発令は、市民にとって避難行動につながりにくいものとなっている。

　一方、メッシュ情報については、土壌の水分量をよりきめ細かく算定する土壌雨量指数を用いており、設定される土砂災害の発生危険を示す基準線も、過去の土砂災害発生時の降雨や非発生時の降雨に基づき、土砂災害警戒情報の発表頻度や、災害が発生する前に土砂災害警戒情報が発表できるかといった災害捕捉率を考慮し設定されている。平成２６年広島豪雨災害においても、適切に災害発生を捕らえることができた。

　以上から、市民の安全を守ることを担保しつつ、避難情報の確度を上げる観点に立って、平成 29 年４月以降は避難勧告等の発令の判断指標としてメッシュ情報のみを用いることとし、発令の基準を次のように見直した。

◆発令の基準

〔避難準備情報〕

・大雨警報が発表され、実効雨量が警戒基準雨量に達した時

・土砂災害警戒情報が発表されていない場合で、「土砂災害に関するメッシュ情報」の危険度（２時間後又は１時間後に基準値を超過）が表示された時

〔避難勧告〕

・大雨警報が発表され、実効雨量が避難基準雨量に達した時

・土砂災害警戒情報が発表され、「土砂災害に関するメッシュ情報」の危険度（１時間後又は実況で基準値を超過）が表示された時

IV 最近の警戒・避難システムの運用・見直しの状況

　なお、実効雨量については、大雨警報発表後におけるメッシュ情報の補完情報として位置づけ、例えば、実効雨量が避難基準雨量を超える非常に高い数値であるにも関わらず、メッシュ情報の危険度が表示されない場合や土砂災害警戒情報などが発表されない場合などにおいて、気象台や県から適切な情報発信がされているか、システムに不具合がないか等を確認する指標として使用することにしている。

　警戒・避難システムは、一度大幅な見直しを行えば終わりというものではなく、今後とも実災害への対応結果を踏まえ、不断の検証・見直しを行っていくことにしている。

(注1) 広島市防災情報メールでは、広島地方気象台等が発表する気象情報を（一財）気象業務支援センターが自動配信している。

(注2) 実効雨量とは、地中にしみ込んだ雨量の減衰を考慮した数値（広島市では72時間半減期で算出）。市域を災害履歴や地質等で52の区域に分割し、区域毎に警戒及び避難の基準雨量を設定している。

(注3) 20日1時15分の土砂災害警戒情報の発表を受けて、発信した注意喚起の内容は次の通り。
　「現在、広島市に土砂災害警戒情報が発表され、土砂災害発生の危険が高まっています。崖の近くなど土砂災害の発生しやすい地区にお住まいの方は、異常を感じた場合、早めの避難を心がけてください。」

(注4) 防災情報メールの登録状況は、平成28年3月末現在で87,126件（前年比18,084件の増）となっている。

(注5) この大雨では、安佐北区内で時間雨量41mm（6月23日0時00分〜1時00分）、累加雨量149mmを記録した。被害状況については、人的被害はなかったが、床下浸水5棟、急傾斜地崩壊8件、鉄軌道被害1件が生じた。

第三章　平成 26 年広島豪雨災害を踏まえた警戒・避難システムの見直し

(注6) 平成 26 年広島豪雨災害の被災地のうち不安定土砂に対する砂防ダムが完成していない地域については、早期の避難体制確保のため、避難勧告等発令にあたり暫定的な判断基準（**表 3 － 4**）を用いていた。この暫定運用については、砂防ダムの完成に応じて、対象地区毎に順次終了し、他の地域と同じ基準に切り替えてきており、平成 29 年 5 月17 日に全地区で終了となった。

第四章　大規模災害の初動時における都道府県の役割

　危機への対応には、できるだけ現場に近いところに権限を与え、現場の判断で対処する、いわゆる「サブシディアリティ原則」が重要である。大規模災害においても、まずは現場の最前線にある市町村が第一次的に対応し、次に現場に近い存在である都道府県が補完機能を担い、それも困難な場合に国が補完・支援するということが基本となろう。しかしながら、市町村の危機対応能力には、その規模や災害経験の有無などによって大きな差がみられる。このため、都道府県は、気象や河川等に関する専門的知識を生かし、市町村において的確に初動対応がなされるよう、積極的に支援することが望ましい。

　一方、国においても、甚大な被害が見込まれる場合等には、実動機関の応援部隊を早期に派遣するなど、発災直後から応急対応に乗り出すことになる。その際、都道府県には、市町村の補完・支援機能に加えて、被災市町村と国との間に立って、情報の収集、連絡調整等の面で大きな役割を果たすことが求められる。

　初動時においては、避難支援や救助等人命に直結する対応が最優先となることから、都道府県が果たすべき役割としては、①市町村への情報提供、避難勧告等に関する助言・支援、②被害情報の迅速な収集・報告、③都道府県内の防災関係機関等との連絡調整、④実動機関の受援体制の構築、の四つがあげられる。いずれも、市町村の次に現場に近い存在で、組織・人材も充実し、かつ地域における防災関係機関等を束ねる立場にある

第四章　大規模災害の初動時における都道府県の役割

都道府県にしか担うことができないものである。

　これまで各都道府県は、防災・危機管理を重要な政策課題の一つに掲げ、危機管理体制の整備、研修・訓練の充実等に取り組んできた。また、都道府県内には自らの地方出先機関がきめ細かく配置されており、情報の把握や被災市町村のバックアップ等の拠点として活用することができる。

　加えて都道府県は、広域レベルでの総合行政主体として、市町村をはじめ、管轄区域内に所在する実動機関、医療機関、指定地方公共機関など、防災に関係する機関とのネットワークを築いている。災害対応に当たっては、こうした強みや行政資源を最大限活用して、自らの役割を担うことが期待される。

1　市町村の危機対応に対する支援

　災害時における都道府県の役割の一つは、市町村への防災気象情報や河川水位等の伝達であるが、市町村によっては、要員配置が十分でなかったり、住民からの問い合わせに忙殺される等により、伝達を受けた情報の処理・分析・首長への報告まで手が回らなくなる場合がある。このため、都道府県には、重要な情報が確実に伝達されていることを確認するとともに、市町村の応急態勢について把握し、必要に応じて助言・指示を行うことが望まれる。

　特に、避難勧告等に直結するような情報については、市町村長自ら把握して適切な判断が下せるよう、ホットラインにより直接市町村長に伝えることが有効である（図４−１）。さらに、災害発生のおそれが高まっている場合には、市町村において時期を失することなく避難勧告等が発令されるよう、積極的に助言等を行うべきである（図４−２）。

　一方、平時においても、都道府県には、避難勧告等発令基準の策定支援など、市町村の防災体制確保に向けた助言・支援を積極的に行うことが望まれる。特に、水位周知河川等に指定されていない「その他の河川」については、一般に氾濫危険水位、避難判断水位等が設定されていないなど、

134

1　市町村の危機対応に対する支援

図4−1　知事から市町村長へのホットライン（栃木県）

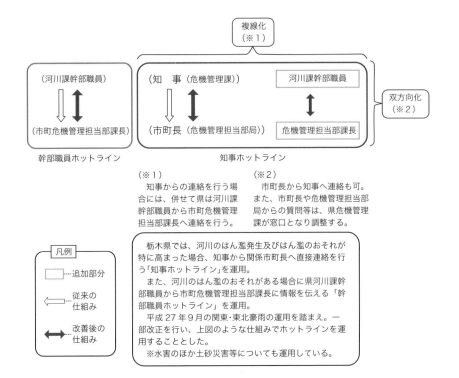

（「今後の水害及び土砂災害に備えた地域の防災体制の再点検結果等」平成28年12月20日消防庁）

水位周知河川等に比べて得られる情報が少なく、判断基準及び対象区域の設定に苦慮している市町村が多い。このため、都道府県は、「その他の河川」についても避難勧告等の発令基準設定に際し、危機管理担当部局と河川管理担当部局が連携して、積極的に助言・支援することが求められる。

　近年に災害の経験がある都道府県においては、その教訓を踏まえ、次のような積極的な助言・支援を行っており、これらの取り組みを参考にすると良い[注1]。

・避難勧告等の具体的な判断基準の作成を支援する会議により、気象台や河川課等の関係機関からの技術的な助言を実施

第四章　大規模災害の初動時における都道府県の役割

図４－２　避難勧告等発令判断支援班の仕組み（大分県）

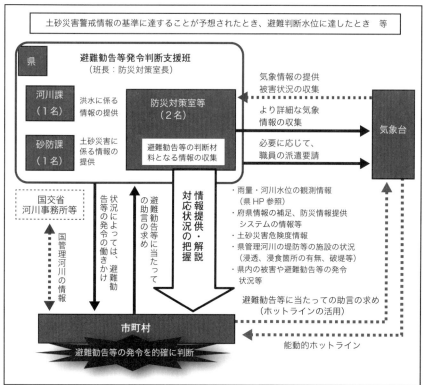

(「今後の水害及び土砂災害に備えた地域の防災体制の再点検結果等」平成 28 年 12 月 20 日消防庁)

・長期的・総合的な視点による災害対策を検証する仕組みを条例化し、検討結果を的確に防災・減災対策に反映することで、ＰＤＣＡサイクルを確立
・各市町が防災体制の自己点検を行い、未達成事項や防災体制の改善のため、意見交換及び情報提供を県・市町が連携して行う仕組みを構築

県・市町防災力強化連携事業 (兵庫県)

【防災力の自己点検】

　平成 26 年度に学識者や市町防災担当職員で構成する検討会（座長：木村兵庫県立大准教授）を設置して作成した全 200 問の「市町防災力自己点検チェックリスト」により、各市町において、自己点検を実施。

（チェック項目例）

・職員に参集の連絡をするための手段（電話・メールシステム等）を複数確保していますか。

・防災行政無線や登録制メール、緊急速報メールなど住民伝達手段としての機器の操作について、マニュアル化し、担当職員以外にも複数の職員が操作できるようにしていますか。

・遅滞なく罹災証明書を交付するための手続きについて定めていますか。

【県・市町防災力強化連携チームの派遣】

・県から対象市町に対し、効率的かつ効果的な助言に資するヒアリングを行うため、課題等（県に支援（助言）を求めたいこと、先進的な取組事例等）を事前に聴取する。

・県から防災力の自己点検結果の未達成事項や、防災体制・対策の充実・強化に資する具体的な助言等の支援を行い、市町と県が連携して県全体の防災・減災対策の向上を図る。

【取組実績】

・H26 ～ 28 で計 40 市町（神戸市を除く県下の市町）に派遣。

・防災部局、県民局、県民センター職員等から各市町につき 6 ～ 8 名程度派遣。

第四章　大規模災害の初動時における都道府県の役割

- ・取組が進んでいる項目として、「防災情報システムの確保」や「災害対策本部室、事務局スペースの確保」が挙げられた。
- ・取組が進んでいない項目として、「災害時のトイレ対策に係る対応」等が挙げらた。
- ・独自的・先進的な取組事例として、避難所の鍵を収納する防災ボックスの設置、現地連絡員の指定、津波等一時避難場所の指定等が挙げられた。

（「今後の水害及び土砂災害に備えた地域の防災体制の再点検結果等」平成 28 年 12 月 20 日消防庁）

2　被害情報の迅速な収集・報告

　災害発生後、最も優先されるべき事項は被害情報の収集・共有及び国への報告である。被害情報の収集・報告が遅れれば、国の災害対策本部や実動機関は、被災現場の状況をつかめないまま、対応方針や応援部隊の派遣規模等の決定を迫られることになり、初動対応の遅れや被災現場のニーズとのミスマッチにつながりかねない。

（1）　待ちの姿勢でなく自ら情報を取りに行く体制を

　大規模災害においては、被害の大きい市町村ほど被害情報が入ってこないという事態が生じる。被災市町村では、通信手段の途絶等により市町村内の情報把握がままならないことに加え、限られた人的資源で被災者の支援や住民の問い合わせへの対応等で忙殺され、被害状況の把握・確認まで手が回らなくなる。その結果、都道府県への被害情報の報告は後回しになってしまいがちになる。

　このため、日頃から市町村との連携訓練等を通じて、「外部からの迅速な支援につなげるためにも、被害情報の収集は最優先で行うべき事項であること」、「入手できた情報は直ちに都道府県に報告すること」を市町村職員に徹底しておく必要がある。

2 被害情報の迅速な収集・報告

　一方で、都道府県には、市町村任せにせずに自ら情報収集に乗り出す姿勢が必要である。発災当初は、国から都道府県に問い合わせても、「市町村から報告が来ない」という回答の一点張りで、一向に被害の状況がつかめないことがある。被災市町村の現場の混乱を考えると、市町村をバックアップする立場にある都道府県には、「市町村からの報告待ち」ではなく、「自ら情報を取りに行く」姿勢が求められる。このためには、被災市町村に職員をリエゾンとして迅速に派遣する体制をつくる必要がある。

　職員の意識を変えることも重要である。被災市町村の支援にあたり、都道府県と市町村の役割分担に固執するなど、通常の業務の感覚で応急対応に当たろうとする職員がいるが、これでは情報収集も市町村任せになり、市町村からの報告待ちの姿勢に終始することになりかねない。

> 　多くの職員は寝食を忘れて災害対応に当たっていたのだが、「これは市町村がやる仕事なのに、何で県がやらなければならないのか」「これは市町村がやることです」という意識の職員が少なからずいたのである。市町村の庁舎が津波で流出して、ほとんど行政機能がマヒしているにもかかわらず、である。＜『東日本大震災津波―岩手県防災危機管理監の 150 日―』越野修三＞

　こうした意識を変えるためには、職員一人ひとりが、現場がいかに困難な状況に置かれているかを理解し、市町村と危機意識を共有して行くことが重要である。このため、現地対策本部や市町村への職員派遣等を通じて、全庁的に現場の深刻度・緊急度を情報共有できるようにする必要がある。

　また、大規模災害における被災市町村の現場の混乱をイメージし、普段の役割分担を越えて「被災市町村のため何ができるか」を第一に考えられるよう、日頃から実践的な訓練・研修を重ねていかなければならない。

第四章　大規模災害の初動時における都道府県の役割

(2)　初動時における国への報告はスピードを優先

　初動時では、死亡者数等の数字でなくても、「多数の人が倒壊家屋の下敷きになっている」、「数カ所で大規模火災」、「○○集落が壊滅状態」などの情報も、一刻も早く報告すべきである。また、「○○市町村と連絡が取れない」というのも、被害の大きい地域を推測させる重要な情報である。

　被災地から遠く離れた国の災害対策本部では、被害の状況が肌で実感できないため、こうした現場の深刻度・緊急度が伝わる情報は大変貴重である。情報の緻密さを求めるあまり、現場への確認に時間を要し、機を逸することのないようにしたい。

(3)　警察等関係機関との情報の調整・集約

　市町村のほか様々な防災関係機関等から入ってくる情報を調整・集約するのも、都道府県の重要な役割である。国の災害対策本部に対して、都道府県から報告のあった死亡者数や行方不明者数等が、警察からの報告と大きく異なる場合がある。消防からの情報を基にした市町村ルートの報告と、警察ルートでは情報源が異なるからであるが、こうした状況を放置すれば情報の信頼性が損なわれ、国の支援体制や応援部隊の派遣規模等の決定に支障を来すおそれがある。

　発災当初は時間的に余裕がなく、まずは都道府県で入手できた情報を伝達することが最優先だが、できる限り早い段階で市町村からの報告と警察等からの報告との摺り合わせを行い、一本化した数値を報告・発表する必要がある。こうした調整は、県警本部等を含めた関係者が一同に会する都道府県の災害対策本部の重要な役割である。

3　都道府県内の防災関係機関等との連絡調整

　都道府県には、市町村をはじめ、所管区域内に所在する消防、警察、自衛隊等の実動機関、医療機関、指定地方公共機関など、防災に関係する機関の地域におけるネットワークの中心として、連絡調整機能を担っていく

3　都道府県内の防災関係機関等との連絡調整

ことが求められる。

　発災直後から防災関係機関等と連絡を取り合い、災害対策本部に各機関の連絡要員を参画させるなどにより、防災関係機関等との連携体制をいち早く構築しなければならない。

（1）　都道府県内の消防応援の指示・連絡調整

　被災市町村自らの消防力のみでは災害対応が困難な場合には、同じ都道府県内の市町村間で締結された協定に基づき、消防の相互応援がなされる。協定に基づく応援要請の手順等は都道府県によって異なるが、例えば、広島県の協定では、被災市町村は県内市町村それぞれに対し、必要な車両、人員、到着希望日時等を明らかにしたうえで応援要請をすることになっている。平成26年広島豪雨災害においては、この協定に基づき、広島市から県内12消防本部に応援要請がなされ、これを受けて応援部隊が派遣された。

　一方、長野県の協定では、応援要請は地域代表消防機関（県内を4地域に区分）や総括代表消防機関を経由して行い、各消防機関との連絡や応援可能な部隊の調整等はこれらの代表消防機関の任務となっている。これによって被災市町村における応援側との連絡や部隊調整等の負担は軽減されると考えられる。

　しかしながら、いずれの協定でも、被災市町村の行政機能が著しく損なわれた場合や、被害が広域に及ぶような大規模な災害が発生した場合には、市町村間での調整は困難になると考えられ、都道府県が間に入って連絡調整に当たることが必要となる。

　加えて、都道府県知事は、非常事態の場合において、都道府県内の消防応援に係る指示権を有している。こうした都道府県内の消防応援に関する連絡調整や指示を効果的に実施するためには、応援の手順や応援部隊の編制方針等を予め定めておくことが望ましい。

　例えば千葉県では、知事の指示による消防広域応援隊の運用のため必要

141

第四章　大規模災害の初動時における都道府県の役割

な事項を要綱で定め、広域応援部隊の登録、知事による応援体制確立の指示に係る手順等を明らかにしている。さらに、広域応援部隊の円滑な運用等のため、部隊の編制、応援要請・出動の手順、指揮系統等を詳細に定めた「千葉県消防広域応援基本計画」を策定している。

　こうした例を参考に、大規模災害等において消防応援に係る指示権を迅速かつ効果的に運用できるよう体制を整備し、管内の消防に対してより一層のリーダーシップを発揮することが期待される。

(2)　医療機関との連絡調整

　医療については、①医療提供体制を定めている医療計画を都道府県が作成していること、②多くの都道府県が地域医療の拠点となる病院を自ら設置していること、③普段から市町村の圏域を越えた救急搬送が頻繁に行われていることなどから、医療機関との連絡調整やＤＭＡＴ^(注2)等の医療チームの受け入れに関して都道府県の果たすべき役割は大きい。

　大規模災害の場合、被災地においては医療資源が圧倒的に不足することが想定されるが、救助された重症者等が一部の医療機関に集中すると、処置の遅れにより命に関わることにもなりかねない。都道府県を中心に、救助隊・救急隊と医療機関との連絡調整や、広域搬送の手配等を行うことが求められる。この際、災害対策本部に災害医療コーディネーターを配置し、その助言の下に連絡調整を行うことが望ましい。

(3)　防災関係機関等との日頃のネットワークづくり

　発災直後から防災関係機関等と緊密な連携を図るには、日頃からのネットワークづくりが重要である。定期的に意見交換を行うことにより、災害発生が予測される時点から応急対応の段階に応じて、「誰が、何をするのか」お互いの動きや相互の連絡方法を確認し合っておくことが望ましい。

　また、いざとなった時に遠慮なく連絡を取り合うためには、日頃からトップ同士や担当者同士が顔の見える関係をつくっておくことも重要であ

る。災害発生時に初めて名刺交換しているようでは、円滑な連携は図れない。このため、実動機関が行う訓練や会議等に積極的に参加するともに、自ら実施する訓練や会議等にはできるだけ多くの防災関係機関等の参加を促すこが必要である。この場合、訓練の企画段階から幅広い機関の参画を促し、担当者間で打ち合わせを重ねることにより、より緊密な関係をつくることができる。

～いざという時に名刺交換しているようでは絶対ダメ～

　県内の防災関係機関と意見交換会をやろうとしました。…自衛隊の陸上と航空、海上保安庁、当時の建設省、気象台、消防機関、警察、他にもありますが、そういう防災や地域の安全に関与している関係の深い関係機関に集まっていただいて、意見交換会にしました。その目的は、……自衛隊の皆さん、国土交通省、気象台や海上保安庁など、そういうところと普段から顔なじみになって何でも相談できるとか、お互い相手のことをよく知っているとか、そういう関係になっているかというと全然そうなっていなかったわけです。……それではいけない、やはり災害があったときにはすぐにものを頼んだり頼まれたり、頼まれなくとも応援の手をさしのべる。平時、通常の時からそういう関係になっていなければならない。いざという時に名刺交換をしているようでは絶対ダメです。失格です。

（意見交換会開催後に震災に対応した○○県知事の言葉）

（「市町村長による危機管理の要諦－初動対応を中心として－」消防庁）

4　実動機関の受援体制の早期構築

　大規模災害において、被災都道府県には、国現地対策本部をはじめ、緊急消防援助隊、自衛隊、警察の広域緊急援助隊、TEC－FORCE[注3]、DMAT等様々な機関の活動調整のための本部等が設置される。これらの受

第四章　大規模災害の初動時における都道府県の役割

け入れ体制を迅速に構築し、国や実動機関と緊密に連携することが重要である。

(1)　緊急消防援助隊の派遣の早期要請

　大規模災害が発生した場合、都道府県知事には、自衛隊や緊急消防援助隊等の派遣の必要性について判断し、時機を失することなく派遣要請をすることが求められる（**図4−3**）。

　このうち自衛隊の災害派遣の要請は発災後早期に行われるものの、緊急消防援助隊の派遣要請は、次の例のようにタイミングが遅くなる事例が見られる。

○平成26年広島豪雨災害
・平成26年8月20日未明：土砂災害発生
・同6時30分：自衛隊の災害派遣要請
・同12時30分：緊急消防援助隊の派遣要請

○御嶽山噴火災害
・平成26年9月27日11時52分：噴火
・同14時31分：自衛隊の災害派遣要請
・同20時30分：緊急消防援助隊の派遣要請

　このように緊急消防援助隊の派遣要請のタイミングが遅れるのは何故か？　自衛隊の場合まず被災地に近い地元の部隊が情報収集のため出動するのが通例なのに対し、緊急消防援助隊は当初より管外からの応援となることから、派遣要請の前提として、「まず被害状況を把握し、都道府県内の消防力を超えるものであるかを見極めなければならない」という意識が働くからではないか。都道府県の担当者からは、「自ら消防の部隊を持っているわけではないので、市町村から連絡がない場合に都道府県のみで派遣要請の判断をするのは難しい」との声も聞かれる。

　一方で、消防、警察、自衛隊等はそれぞれ部隊の能力、使用する資機材等が異なっており、現場においてはそれぞれの強みを活かせるよう役割を

144

4 実動機関の受援体制の早期構築

図4-3 実動機関の派遣要請の流れ

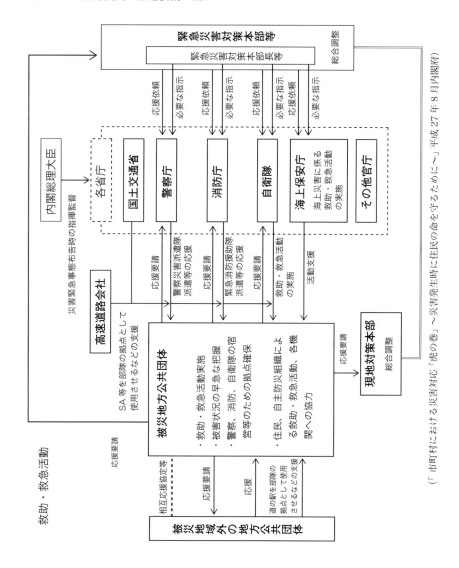

第四章　大規模災害の初動時における都道府県の役割

分担することになるが、消防は救助技術・消火技術等に長じており、緊急消防援助隊を迅速に投入すべき現場も多い。特に人命救助は時間との闘いであり、早期に救助活動を始めるほど救命率は高まるのである。

　一分早ければ、一人多く助かる。
　　　　＜アメリカの消防標語（「天災人災格言集」平井敬也＞

　消防庁では、発災直後に近隣都道府県に対し緊急消防援助隊の出動準備を要請し、十分な被害情報がない段階でも、被害状況や部隊の派遣の必要性を把握するため、迅速に航空部隊や先遣隊の出動を求めることにしている。都道府県には、十分な情報や市町村からの連絡がなくても、大きな被害が推測される場合や、自衛隊に災害派遣の要請をした場合には、速やかに派遣要請するようにしたい。

　平成26年11月22日（土）22時08分に発生した長野県北部地震では、深夜で停電も生じたため被害状況の把握が遅れたが、家屋の倒壊や土砂災害により大きな被害が懸念されたことから、23時05分には長野県から緊急消防援助隊の派遣要請が行われた。これを受けて、先遣隊が直ちに出動し、23日の早朝から捜索・救助活動を開始することができた。

(2)　国現地対策本部及び実動機関の受け入れ体制の構築

　大規模災害において国に緊急（非常）災害対策本部が設置された場合には、被災都道府県に現地対策本部が設置される。現地対策本部は、被災地との連絡調整、被災地の情報や支援要望の収集、応急対策の支援等に大きな役割を果たしている（図4—4）。

　また、最近は緊急消防援助隊、自衛隊、警察等の応援部隊が一体となって捜索・救助活動を行うのが通例であり、被災都道府県にそれぞれの活動調整本部等（消防の場合は消防応援活動調整本部）が必要に応じて設けら

4　実動機関の受援体制の早期構築

れ、国現地対策本部や都道府県災害対策本部と連携しつつ、市町村毎の被害状況に即した部隊投入規模の調整、活動方針の決定等が行われる。これを受けて、市町村災害対策本部又は現地合同指揮所では、各応援部隊の役割分担や活動区域の割り振りなど現場レベルでの活動調整が行われることになる（図4－4）。

　このように都道府県庁内に実動機関の活動調整本部等が置かれることは、受援側にとって、各機関の責任者に直接要望を伝えられ、また、応援部隊からの現場の情報が入手できるなど、大きなメリットがある。

　このため、受援側の都道府県は、国現地対策本部や実動機関との間での合同会議を定期的に開催するなどにより、緊密な連携を図る必要がある。特に、現地対策本部長（内閣府副大臣等）と知事（必要に応じ市町村長も）のトップ同士で意見交換を行い、重要方針を決定する場を設けることは極めて重要である。また、都道府県災害対策本部とできるだけ近い場所

図4－4　国緊急災害対策本部が設置された場合の実動部隊の連携体制

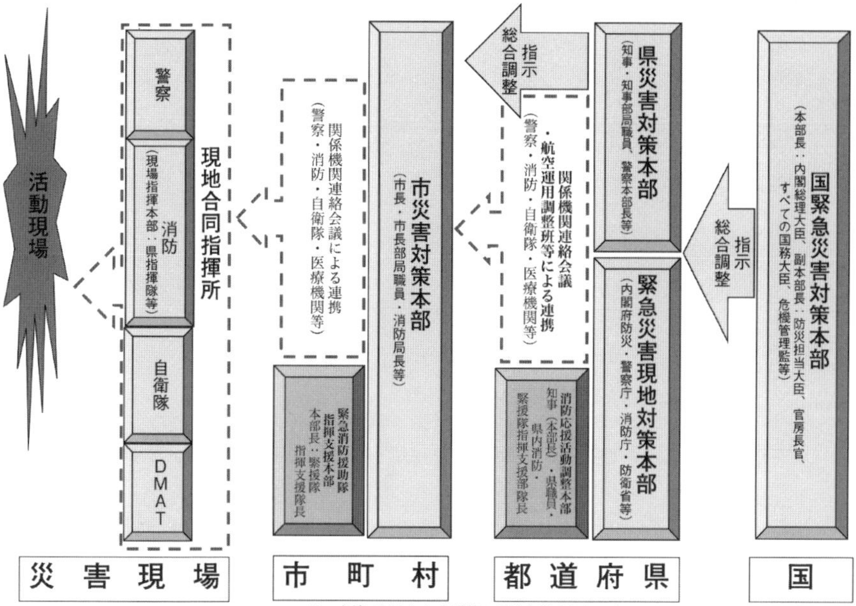

※　点線で囲われた会議等は運用上設けられるもの。

147

第四章　大規模災害の初動時における都道府県の役割

に国現地対策本部等のスペースを確保したり、実動機関の間で円滑に活動
調整が図られるよう活動スペースを同一にする等の配慮が求められる。

〈平成 26 年広島豪雨災害の例（表４－１、写真４－１～４－４）〉
　国の非常災害現地対策本部は、発災当初は広島県庁内に設置されたが、
広島市内の局地的災害であったため現場の情報は市に集まり、県庁で入手
できる情報に限りがあった。また、活動スペースが県災害対策本部と離れ
た場所にあったため、情報共有や連携がしづらかった。
　発災後７日目以降は、情報収集や国・県・市の連携をより強化するた
め、現地対策本部を広島市役所に移設した。移設後は、毎朝「内閣府副大
臣、知事、市長意見交換」と「国県市合同会議」が行われ、国・県・市の
間で情報共有、意思統一が図られた。

表４－１　平成 26 年広島豪雨災害の概要

被　害　状　況
平成 26 年 8 月 20 日（水）未明、広島市安佐北区、安佐南区において、複数箇所で大規模な土砂崩れが発生 ○人的被害：死者 77 名 ○物的被害：全壊 179 棟、半壊 217 棟、一部破損 189 棟、床上浸水 1,084 棟、床下浸水 3,080 棟

主な実動機関の応援状況
○消　　防：延べ 18,700 人（広島市消防局 10,091 人、県内応援消防本部 1,471 人、消防団 4,504 人、緊急消防援助隊 2,634 人） 【活動人員数ピーク時（8 月 24 日）：1,325 人（広島市消防局 432 人、県内応援消防本部 106 人、消防団 590 人、緊急消防援助隊 197 人）】 ○警　　察：延べ約 8,700 人（1 次派遣～4 次派遣）【8 月 24 日：約 1,070 人】 ○自衛隊：延べ約 14,965 人（車両：延べ約 3,235 両、航空機：延べ 66 機）【8 月 24 日：約 820 人（車両：約 190 両、航空機：5 機】 ※数値は、消防庁被害報第 43 報（平成 26 年 11 月 21 日現在）、内閣府被害報（平成 26 年 9 月 11 日現在）及び防衛省ＨＰによる。

（消防庁資料）

4　実動機関の受援体制の早期構築

　被害があったのは広島市内のみであったので、県庁に実動機関の活動調整本部等は設けられず、現場近くに設置された現地合同指揮所で消防、自衛隊、警察等の調整が行われた。現地合同指揮所では、毎朝合同ミーティングが行われ、各機関が分担する活動現場のエリア分け、降雨による活動中止判断の統一等が行われた。また、TEC－FORCEが二次災害防止のための監視等を行い、実動機関の安全管理が図られた。
　一方で、市役所と場所が離れていたため、副大臣、知事、市長が投入部隊の規模や期間等重要な方針決定するに当たり、現場の意見や要望を直接伝えるのが難しいという課題があった。

写真4－1　現地合同指揮所内での活動ミーティング

写真4－2　各機関の救助担当エリアの状況

写真4－3　自衛隊重機と緊急消防援助隊との活動連携

写真4－4　自衛隊と警察隊の活動連携

149

第四章　大規模災害の初動時における都道府県の役割

〈平成26年御嶽山噴火災害の例（表4－2、写真4－5～4－8）〉

　国の非常災害現地対策本部は、発災翌日長野県庁内に設置。それ以降毎日朝夕2回「国県合同会議」が行われた。また、県、気象庁、消防、自衛隊、警察の間で随時「調整会議」が開かれた。

　県災害対策本部では、調整会議の結果を踏まえ、活動方針をはじめ、火山ガスの濃度上昇や降雨に際しての活動中止基準の決定、気象庁の情報に基づく当日の活動可否の判断等が行われた。特に、一斉捜索の実施、部隊の活動期間や引き揚げ時期などの重要な方針については、県知事の主導の下で決定され、知事自身により発表が行われた。その際、実動機関の間の調整は、それぞれの派遣者（消防の場合は指揮支援部隊長）が県庁内の同一の部屋で活動したため、応援部隊に関する情報共有がしやすく円滑に行われた。

　一方、王滝村役場においては、消防、自衛隊、警察の部隊の指揮者（消防の場合は指揮支援隊長）が一同に会して、県災害対策本部で決定された方針に基づき、
・各機関の毎日の活動範囲や活動内容
・火山ガス検知機や防毒マスクを携行するなど安全管理の徹底
・携行する資機材（面的捜索のための探査棒、地雷探知機、金属探知機等）の調整
・自衛隊ヘリで山頂へ輸送する人員の割り振り
等が行われた。この際、県庁との間でテレビ会議を行うことにより、情報共有や意思統一が図られた。

(3)　DMAT等の受け入れ

　災害時にはDMAT等の医療チームが派遣されるが、DMAT等の調整本部の都道府県災害対策本部内への設置、DMAT等からの連絡員の受け入れ、災害医療コーディネーターなどの派遣調整役の設置などにより、関係医療機関との調整や医療チームの派遣調整が円滑に行うことができるよう

4　実動機関の受援体制の早期構築

表4－2　御嶽山噴火災害の概要

被害の状況

平成26年9月27日（土）11時52分頃、長野県御嶽山で大規模な噴火が発生
○　人的被害：死者57名、負傷者69名、行方不明者6名
※数値は、消防庁被害報37報（平成26年10月23日15時00分現在）による。

主な実動機関の活動状況

○消　防：延べ7,288人　長野県：2,924人（木曽広域消防本部：1,155人、
　　　　　　　　　　　　　県内応援消防本部：1,483人、消防団：286人）
　　　　　　　　　　　　岐阜県：32人（下呂市消防本部：17人、県内応
　　　　　　　　　　　　　援消防本部：10人、消防団：5人）
　　　　　　　　　　　　緊急消防援助隊：4,332人

【活動人員数ピーク時　長野県：249人（木曽広域消防本部：55人、
　（9月28日）466人】　　　県内応援消防本部：118人、消防団：76人）
　　　　　　　　　　　　岐阜県：21人（下呂市消防本部：8人、
　　　　　　　　　　　　　県内応援消防本部：8人、消防団：5人）
　　　　　　　　　　　　緊急消防援助隊：196人

○警　察：延べ約14,300人【9月28日：約240人】
○自衛隊：延べ7,150人（車両：延べ約1,835両、航空機：延べ298機）
　　　　　【9月28日：約270人（車両：約75両、航空機：約12機）】
※数値は、官邸被害報による。

（消防庁資料）

写真4－5　王滝村役場における実動関
　　　　　係機関の調整

写真4－6　自衛隊と連携した救出活動

第四章　大規模災害の初動時における都道府県の役割

写真4-7　自衛隊ヘリによる輸送　　写真4-8　噴石用ジュラルミン盾の活用

な体制づくりが重要である。

　また、現場においてDMAT等と救助隊・救急隊との連携を円滑に行うため、DMAT等の現地調整本部を消防、警察、自衛隊等の現地合同指揮所に隣接して設置することなどについても検討する必要がある。

　さらに、重症患者等の搬送ルートや手順、管外の医療機関に搬送するための拠点となる「広域医療搬送拠点」などを受援計画等で予め定めておき、訓練等を通じ、関係者の間で確認しておくことが望ましい。

(4) 航空運用調整

　大規模災害においては、消防、警察、自衛隊、海上保安庁、医療機関等から多数のヘリコプターが出動し、捜索救助や救急搬送をはじめ多岐にわたる活動を展開することになる。これらのヘリの効果的な運用を図るためには、都道府県を中心とした運用調整が重要である。

　東日本大震災では、ヘリの運航について、宮城県や岩手県の災害対策本部に設置された航空運用調整班により調整が行われた。例えば、宮城県の調整班では、消防防災ヘリ13機、自衛隊ヘリ111機、警察ヘリ9機、海上保安庁ヘリ7機の活動について、市町村等からの救助・救急の出動要請の窓口を一本化して、活動任務や活動区域の調整が図られた（図4-5）。

　この際、地元の状況に精通している宮城県防災ヘリコプター管理事務所長が、班長として調整の中心になった。

4 実動機関の受援体制の早期構築

図4−5 被災地における航空部隊の運用調整（東日本大震災・宮城県の事例）

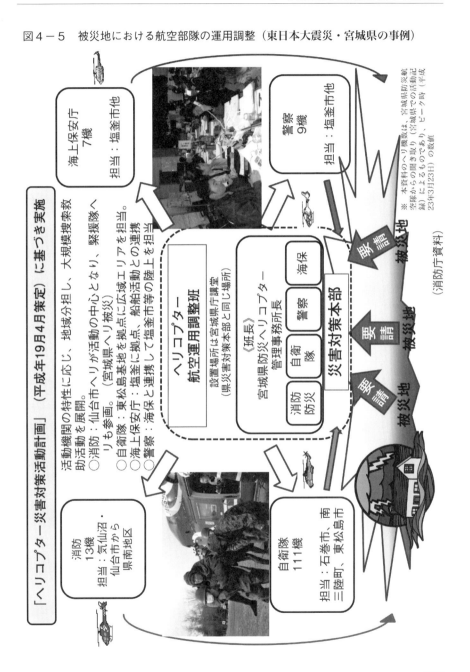

(消防庁資料)

第四章　大規模災害の初動時における都道府県の役割

　東日本大震災の初動時のように、ヘリの数に比して圧倒的に多くの出動要請がある場合には、要請の早い順に対応すると、緊急度の高い案件への対応が遅れてしまう。「直ちに救助しないと人命に関わる案件を最優先する」などの調整ルールを、調整班で協議・決定したうえで対応する必要がある。

　なお、ドクターヘリについては、航空運用調整班に加わらず、ＤＭＡＴ直轄で運用されていたため、発災直後は離発着情報等の共有が十分に図れなかった。このような教訓を踏まえ、大規模災害の際のヘリの受援計画において、ドクターヘリも航空運用調整班のメンバーとして位置付ける必要がある。

(5)　応援部隊の円滑な受け入れに向けて

　災害が発生した際、実動機関の応援部隊を円滑に受け入れるためには
・応援部隊の進出目標や一時的な集結場所となる「進出拠点」
・被災地へ進出ルート
・応援部隊の活動区域における宿営場所等となる「活動拠点」
・ヘリコプターの集結場所、救助活動のための臨時ヘリポートの場所、燃料の補給要領
　等を、「受援計画」において予め定めておく必要がある。「活動拠点」やヘリポートは、様々なパターンの災害の被害想定に即して候補地を定めておくことが望ましい。

　加えて、緊急消防援助隊については、捜索・救助部隊の迅速投入を最優先することから、資機材・燃料等の備蓄庫を備えた「救助活動拠点」の整備など、後方支援の体制づくりもあわせて検討することが望まれる（図４－６）。

154

4　実動機関の受援体制の早期構築

図4－6　平常時及び大規模災害時の双方に対応した消防活動拠点の例
　　　　（京都市消防活動総合センター）

平　常　時		大規模災害時	
活動支援施設	・本部救助隊スーパーレスキュー※1、特別装備隊※2を配置し、24時間体制で運用 ・消防車両の点検整備 ・活動資機材の備蓄、燃料補給	後方支援施設	・緊急消防援助隊への活動資機材、燃料の補給 ・緊急消防援助隊等の車両、活動資機材のメンテナンス ・本部救助隊、特別装備隊の運用
消防学校	・新規採用職員の研修（全寮制） ・消防職員の教育研修 ・消防団員の教育研修 ・火災原因に関する鑑識等	作戦情報室	・「消防指令センター」と直結した緊急消防援助隊の指揮統制 ・消防機関、関係機関との情報連絡 ・緊急消防援助隊の受付・登録 ・緊急消防援助隊の待機、宿泊施設
訓練施設	・消防職員訓練 　京町家や中高層建築物における火災や救助事故を想定した訓練 ・共同住宅や飲食店を模した訓練室での予防査察研修 ・消防団員訓練 　操法訓練、訓練礼式など ・自衛消防隊、自主防災会等の訓練	緊急消防援助隊集結場所	・緊急消防援助隊の車両集結場所（消防車両最大471台収容可能） ・ヘリコプター緊急離着陸場 ・緊急消防援助隊の待機・宿泊施設 ・物資の応急集積

※1　本部救助隊（スーパーレスキュー）：震災、水災等の大規模災害やNBC災害等をはじめ、あらゆる災害に迅速・的確に対応するための高度な救助能力・機材を持つ消防局直轄の特別高度救助隊。
※2　特別装備隊：災害現場活動の支援体制の充実を図るため、消防局装備課に配置した京都市の部隊。

（「緊急消防援助隊活動拠点施設に関する調査報告書」平成24年3月消防庁）

155

第四章　大規模災害の初動時における都道府県の役割

防災拠点の分類

○広域進出拠点：災害発生直後、直ちに広域応援部隊が被災地方面に向かって移動する際の一時的な目標となる拠点であって、各施設管理者の協力にて設定するもの

○進出拠点：広域応援部隊が応援を受ける都道府県に向かって移動する際の目標となる拠点であって、各施設管埋者の協力にて設定するもの

○救助活動拠点：各部隊が被災地において部隊の指揮、宿営、資機材集積、燃料補給等を行う拠点として、都道府県及び市町村があらかじめ想定し、発災後には速やかに確保すべきもの

○広域物資輸送拠点：国等から供給される物資を被災府県が受け入れ、各市町村が設置する地域内輸送拠点や避難所に向けて送り出すための拠点であって当該府県が設置するもの

○航空搬送拠点：広域医療搬送を行う大型回転翼機又は固定翼機が離発着可能な拠点であり、ＳＣＵ^(注4)が設置可能なもの

○海上輸送拠点：人員、物資、燃料、資機材等を海上輸送するために想定する港湾であって、耐震性及び機能性が高いもの

以上のうち、

　救助活動、医療活動、物資供給を総合的・広域的に行う拠点のうち主要なものを「大規模な広域防災拠点」として明確化

（「南海トラフ地震における具体的な応急対策活動に関する計画の概要」内閣府）

また、実動機関と緊密な連携を図るため、

・応援部隊との通信・連絡手段

・進出ルートの調整、誘導の手順

・国現地対策本部や各実動機関の活動調整本部等の活動スペース

・航空運用調整の調整方針・手順、調整班の活動スペース

・現地における応援部隊間の活動調整の場所、手順

なども、「受援計画」で定めておくことが求められる。

　以上のような受援体制については、「計画」を策定することがゴールではなく、災害時に確実にワークするようにしなければならない。このため、実動機関の参加を得て計画に即した進出訓練、通信訓練等を定期的に実施することにより、関係者間で具体的な手順や拠点の場所等を実際に確認し、必要に応じ改善を加えるというＰＤＣＡサイクルを確立することが重要である。

5　迅速かつ的確に危機対応するために

　これまで大規模災害の初動時において、都道府県が担うべき役割について述べてきた。では、いざ危機事態が生じた際、都道府県が迅速かつ的確にこれらの役割を果たしていくためには、自らの組織・資源を最大限引き出せる体制づくりと人材育成が不可欠である。

(1)　都道府県の地方出先機関の活用

　災害対応において、できるだけ多くの人材を被災地に配置して現場重視の体制をつくるとともに、被災市町村を効果的にバックアップするため、都道府県内にきめ細かく設置された自らの地方出先機関を活用すべきである。

　大規模災害により市町村の行政機能が損なわれ、被害情報の収集・報告が困難な場合には、被災市町村から最も近い地方出先機関の職員をリエゾンとして派遣することが、迅速な情報収集につながる。

　さらに、被害が複数の市町村にまたがるような場合や、市町村の庁舎が損壊した場合などは、被災地に所在する地方出先機関に現地対策本部を設置することを検討すべきである。現場に近い場所に現地対策本部を設置することにより、被害の深刻さを肌に感じることができ、被災市町村と危機感が共有できる。これにより、被災地のニーズに即した的確な応急対応が

157

第四章　大規模災害の初動時における都道府県の役割

可能になる。

　現地対策本部では、被害情報や現場のニーズを本庁に伝達するだけでなく、より現場に近いところで迅速に意思決定ができるよう、できる限り幹部職員も現地本部員として派遣することが望ましい。また、例えば災害対策本部と現地対策本部との間でテレビ会議を行うなどにより、現場の深刻な状況を本庁に伝達し、全庁的に危機感を共有するための拠点として活用することも考えられる。

(2)　トップダウンの体制づくり

　初動時に全庁が一体となりスピード感を持って対応するには、知事のリーダーシップの下、トップダウンで業務を進めることが求められる。このため、災害対策本部の各部局への統制機能を強化し、本部で決定した目標や対応方針等を全庁に徹底させる体制をつくるとともに、訓練等を通じてトップの判断力を高めていかなければならない。

　一方、災害時における庁内の役割分担は、例えば医療機関との連携は保健医療担当部が担当するなど、各部局が日頃所管する行政分野ごとに縦割りで担当することが多い。しかし、医療活動であれば救助・搬送活動と一体的に運用することが求められ、部局横断的な対応が不可欠である。各部局間のヨコの連携を強化し、被災地のニーズに即して総合的な対応ができるよう、災害対策本部の統制機能・調整機能を高める必要がある（**図4－7、表4－3**）。

(3)　職員一人ひとりの危機対応力の向上

　職員一人ひとりの危機対応能力を高めることも必要である。大規模災害において、各職員は普段の業務とは異なる先の読めない災害対応業務を、時間的な猶予がない中処理することを余儀なくされる。その際、例え被災地から離れた本庁舎にいたとしても、現場がいかに困難な状況に置かれるかイメージしながら、現場目線で対応することが重要である。

5 迅速かつ的確に危機対応するために

図4－7　都道府県災害対策本部の体制図

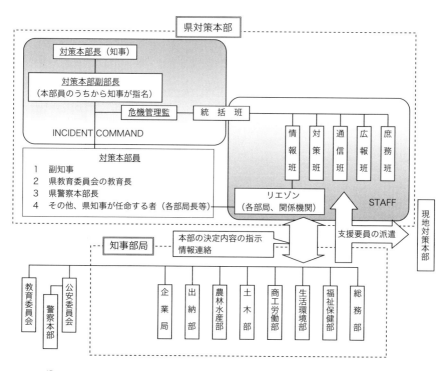

（「地方公共団体における総合的な危機管理体制の整備に関する検討会平成 19 年度報告書」）

　災害対応業務を「先を見越し」「現場目線で」、しかも「スピード感を持って」処理できるかどうかは、経験によるところが大きい。しかし、災害対応の経験がない職員は、研修や実践的な訓練を繰り返すことによって、危機対応能力を高めていくしかない。

　一方で、災害対応の経験がある職員についても、危機事態はこれまでとは異なる原因、規模、場所、時間帯で発生し得るため、「これまでと同じ対応でよい」という先入観をもつことなく、どのような事態が生じた場合でも的確に対応できるよう、様々な事態を想定した訓練を行うことが望ましい。

　また、いったん大規模災害が発生すると全庁あげての対応が求められる

第四章　大規模災害の初動時における都道府県の役割

表4－3　都道府県災害対策本部の機能、体制等

県対策本部における班編制[※1]	ICSによる分類	県対策本部に求められる機能	班内の指揮・統括を行う部署
総括班	指揮・調整	・県対策本部の指揮・統括 ・情報班が収集した情報を踏まえた県対策本部長の重要な意思決定に係る補佐 ・県対策本部長が決定した方針に基づく各班に対する具体的な指示	危機管理部局 当該危機の担当部局
対策班	連絡調整担当責任者	・関係機関との連絡調整 ・他の都道府県に対する応援の求め、緊急消防援助隊の派遣要請及び受入等広域応援 ・指定行政機関等への措置要請及び自衛隊の部隊等の派遣要請	危機管理部局 当該危機の担当部局
情報班	情報・計画	・国、他の都道府県、市町村等関係機関から情報収集、整理及び集約 （被災情報、避難や救援の実施状況、安否情報、その他統括班等から収集を依頼された情報） ・県対策本部の活動状況や実施した措置等の記録・整理	危機管理部局
通信班	資源管理	・通信回線や通信機器の確保 ・ヘリコプターテレビ伝送システム等からの画像の収集・配信	危機管理部局 総務部
広報班	広報担当責任者	・被災状況や県対策本部における活動内容の公表、報道機関との連絡調整等 ・対外的な広報活動	総務部
庶務班	安全担当責任者 資源管理 財務・行政管理	・県対策本部員や県対策本部職員のローティーション管理・支援 ・現地派遣職員の支援 ・食料の調達等庶務に関する事項	総務部
平素からの各部局	事案処理[※2]	・危機対応の際、対策本部から指示を受けて、所管する事務について対応する	事業所管部局

＊危機管理担当課及び防災担当課を有する危機管理部局が設置されている団体を想定。
＊ICS（INCIDENT COMMAND SYSTEM）：米国で開発された災害現場などにおける標準化されたマネジメント・システムのこと。
※1　都道府県国民保護モデル計画における班編制と同様の枠組み。
※2　班内の取りまとめとしての機能を果たしている部局であり、支援要員を派遣しているのみの部局は意味していない。
　　（「地方公共団体における総合的な危機管理体制の整備に関する検討会平成 19 年度報告書」）

ことから、防災・危機管理部局の職員のみならず、全ての職員が危機対応能力を高めておかなければならない。全庁的な研修・訓練の実施に加えて、新採研修や幹部研修などにおいて危機管理のカリキュラムを盛り込んでおくことも重要である。

　訓練については、市町村や防災関係機関等も参加した連携訓練、災害対策本部の運営に係る図上訓練など様々なパターンで行う必要があるが、何れも実災害時の動きを想定した実践的なものでなければならない。特に図上訓練については、事前にシナリオを示さないブラインド型の訓練が、想定外の事態が起こった場合のトップの判断力や職員の対応能力を高めるうえで有効である（**表4－4、4－5**）。

(注1)「今後の水害及び土砂災害に備えた地域の防災体制の再点検結果等」平成28年12月20日消防庁を参照のこと。

(注2) DMAT(災害派遣医療チーム　Disaster Medical Assistance Team)は、医師、看護師、業務調整員（医師・看護師以外の医療職及び事務職員）で構成され、大規模災害や多傷病者が発生した事故などの現場に、急性期（おおむね48時間以内）に活動できる機動性を持った、専門的な訓練を受けた医療チームである。

(注3) TEC－FORCE（緊急災害対策派遣隊　Technical Emergency Control Force）は、大規模自然災害に対応するため、被災自治体が行う被災状況の把握、被害の発生及び拡大の防止、被災地の早期復旧等に対する技術的な支援を円滑かつ迅速に実施するために、国土交通省に設置されたものである。

(注4) ＳＣＵ（Staging Care Unit）は、航空搬送拠点に設置される臨時の医療施設。患者の病状を安定させるための処置や搬送のためのトリアージを行う。

表4－4　神奈川県における平成25年度図上訓練の実施状況

	実施日等	訓練趣旨等	複合事案想定	訓練形態	知事・職員の参加	関係機関の参加（連絡要員等の参加）
訓練内容	1	平成25年11月1日 東京湾北部地震	関係機関相互の連携・協力体制のあり方を検証し、連携の強化を図る	・大規模火災 ・コンビナート火災 ・鉄道事故 ・危険物漏えい	全ブラインド型	危機管理部局及び医療担当部局参加	・市町村 ・警察 ・自衛隊 ・海上保安庁 ・DMAT
	2	平成26年1月17日 さいたま市震源地震（M6.9）	9都県市合同防災訓練・図上訓練として実施し、他都県市との連携強化を図る	・被災地への応援活動	全ブラインド型	危機管理部局及び医療担当部局参加	・他都県市 ・DMAT
	3	平成26年1月30日 神奈川県西部震源地震（M7.5）	市町村との連携強化及び災害対策本部等における災害対応能力の向上を図る	・大規模火災 ・コンビナート火災 ・鉄道事故 ・孤立事案 ・帰宅困難者対応 ・土砂災害	全ブラインド型	危機管理部局、医療・土木・流通担当部局及び災害時に訓練地域の現地対策本部に参集する職員参加	・市町村 ・消防 ・警察 ・自衛隊 ・海上保安庁 ・省庁及び出先機関 ・在日米軍 ・DMAT
	4	その他、県単独で地震を想定した8回実施	・地震に伴う複合災害を想定した訓練を定期的に実施し、災害対応力の向上を図る ・外部有識者等による評価検証（一部の訓練）	・大規模火災 ・コンビナート火災 ・鉄道事故・孤立事案 ・危険物漏えい ・帰宅困難者対応 ・原子力災害	全ブラインド型	危機管理部局及び他局等からの応援職員参加	なし
ポイント	○定期的な訓練を実施することによる、職員の災害対応力向上 ○実践的な対応（全ブラインド型訓練） ○外部識者等による評価検証を実施 ○警察、消防、自衛隊及びDMAT等の参加による様々な関係機関との連携強化					

5 迅速かつ的確に危機対応するために

表4－5 静岡県における平成25年度図上訓練の実施状況

	実施日等	訓練趣旨等	複合事案想定	訓練形態	知事・職員の参加	関係機関の参加（連絡要員等の参加）
1	平成25年6月6日 土砂災害・河川氾濫	出水期前における風水害対応力向上	なし	全ブラインド型	危機管理部局及び交通基盤部局参加	・市町 ・地方気象台
2	平成25年8月28日 南海トラフ地震 (M9程度)	県が実施する災害応急対策の検証と国、市町及び防災関係機関との連携の強化	・大規模火災 ・コンビナート火災 ・孤立事案	一部ブラインド型※各所属責任者に対し、当日の進行シナリオを説明"	知事参加 全部局参加	・市町 ・消防 ・警察 ・自衛隊 ・海上保安庁 ・省庁及び出先機関 ・在日米軍 ・ライフライン各社
3	平成26年1月17日 南海トラフ地震 (M9程度)	医療救護や緊急輸送などの分野別訓練の集大成	・大規模火災 ・孤立事案	同　上	知事参加 全部局参加	・市町 ・消防 ・警察 ・自衛隊 ・省庁及び出先機関 ・ライフライン各社 ・報道機関
4	平成26年2月13日 南海トラフ地震 (M9程度)	複合災害対応力向上（地震を伴う原子力災害の対応）	・原子力災害	同　上	知事参加 危機管理部局及び健康福祉部局参加	・市町 ・消防 ・警察 ・自衛隊 ・省庁及び出先機関 ・病院、社会福祉施設 ・報道機関 ・周辺県 ・電力事業者
ポイント		○出水期前に、風水害対応訓練を実施 ○南海トラフ巨大地震想定による知事参加訓練を複数回実施 ○原子力災害を伴う複合災害を想定した訓練を実施				

163

MEMO

MENO

MENO

索　引

◎ アルファベット順

D

DMAT　95、142、143、147、
　150、152、154、**161**、162

I

ICS（INCIDENT COMMAND
　SYSTEM）160
IP告知システム　32、35、**55**、
　85

J

Jアラート（J-ALERT）　74、**78**、
　86

L

Lアラート（L-ALERT）　28、55、
　78、84、85、125

P

PULL型　55
PUSH型　54、55、56、85

S

SCU　156、161

T

TEC-FORCE　62、143、
　149、**161**

X

XバンドMPレーダ　110、116

◎ 五十音順

い

伊豆大島土砂災害　9、11、79

え

衛星携帯電話　77

お

屋内安全確保　52、**56**、89
オペレーションルーム　75
御嶽山噴火災害　9、144、150、
　151

か

海上輸送拠点　156
活動拠点　100、**154**、155
活動調整本部　146、147、149、
　156
釜石の奇跡　87、**88**、94

167

Index

き

救助活動拠点　154、156

業務継続計画　80

記録的短時間大雨情報　49、51、
　　106、110、111、124

緊急地震速報　74、78

緊急消防援助隊　5、7、60、61、
　　64、66、74、111、143、
　　144、145、146、147、148、
　　149、151、154、155、160

緊急速報メール　6、28、35、55、
　　84、85、125、126、137

緊急（非常）災害対策本部　145、
　　146、147

く

熊本地震　9、78

け

警戒基準雨量　106、112、114、
　　117、124、127、128、130

警察災害派遣隊　145

現地合同指揮所　100、147、149、
　　152

現地対策本部　72、139、143、
　　145、146、147、148、150、
　　157、158、162

こ

広域医療搬送拠点　152

広域緊急援助隊　143

広域進出拠点　155

広域避難場所　92

広域物資輸送拠点　155

広域防災拠点　156

航空運用調整　152、154

航空運用調整班　147、152、153、
　　154

航空搬送拠点　161

洪水浸水想定区域　44、101

降水ナウキャスト　107、110

洪水予報河川　42、43、44、46、
　　89、101

戸別受信機　55、84、85、86、
　　125

コミュニティFM　55、84、85

さ

災害医療コーディネーター　142、
　　150

災害緊急事態布告　145

災害警戒本部　69、70、111、112、
　　113、114、115、120、127、
　　128

災害時優先電話　77

防災情報共有システム　121

災害対策本部　14、15、21、22、
　　23、24、25、26、58、60、
　　61、65、68、69、70、71、
　　72、73、74、75、76、77、
　　78、80、81、84、95、100、
　　102、103、111、112、113、

Index

114、115、119、120、127、
128、138、140、141、142、
147、148、150、152、153、
158、159、160、161、162
災害発生率　48、**101**
災害捕捉率　48、49、**101**、130
サブシディアリティ原則　**133**

し

自衛隊　5、14、15、22、24、**60**、
61、64、66、74、95、99、
111、119、140、143、144、
145、146、148、149、150、
151、152、153、160、162、
163
自主防災組織　52、55、56、**94**、
95、96、98、99、104、
123、124、125、126、145
実況雨量　**46**、47
実効雨量　106、110、112、113、
114、116、117、121、123、
124、127、128、129、130、
131
実動訓練　**84**
指定河川洪水予報　37、44、45、
46
指定緊急避難場所　35、52、56、
89、90、91、98
指定地方公共機関　99、**102**、140
指定避難所　35、38
受援計画　**152**、154、157

常総市鬼怒川水害　9、19、20、
27、54、79
消防応援活動調整本部　**146**
消防組織法　**61**
消防団　14、15、17、24、34、
37、56、85、95、98、99、
148、151、156
進出拠点　154、**155**
進出ルート　154、**155**
浸水想定区域図　22、32、89

す

水位周知河川　32、42、44、46、
89、**101**、134、135
水防活動　**24**
水防法　**101**
図上訓練　68、**84**、161、162、
163

た

台風第10号災害　9、**29**、39、
43、78
タイムライン　**99**、100

ち

地域防災計画　7、15、17、33、
34、**80**、92、116、122
地域防災マップ　93、**94**、97

つ

津波避難ビル　92、**93**

169

Index

と

登録制メール　55、85、137
ドクターヘリ　154
土砂災害危険箇所　49、50、51、
　　102
土砂災害警戒区域　91、101、126
土砂災害警戒情報　5、13、16、
　　17、42、**48**、49、51、91、
　　101、106、110、111、112、
　　116、117、123、124、128、
　　130、131、136
土砂災害（特別）警戒区域　49
土砂災害特別警戒区域　101
土砂災害防止法　101、126
土壌雨量指数　50、**129**、130
土砂災害に関するメッシュ情報
　　37、49、50、51、130

な

長野県北部地震　9、146

に

新潟県中越地震　79

は

ハザードマップ　25、57、88、
　　90、91、92
バックビルディング現象　**105**
氾濫危険水位　34、**42**、43、44、
　　45、134
氾濫注意水位　31、34、**43**、47

ひ

東日本大震災　8、9、**79**、88、
　　139、153
非常災害対策本部　7
非常時優先業務　80、81
避難勧告　5、6、7、9、14、17、
　　22、23、25、27、29、31、
　　33、34、35、37、38、39、
　　40、41、42、43、44、45、
　　46、47、48、49、50、51、
　　52、53、54、55、56、57、
　　63、66、67、68、72、73、
　　74、78、83、84、85、86、
　　88、89、90、91、101、
　　103、104、111、116、117、
　　118、121、122、123、124、
　　125、126、127、128、129、
　　130、132、133、134、135、
　　136
避難勧告・指示　14、**16**、17、
　　21、23、25、26、28、34、
　　122
避難勧告等に関するガイドライン
　　46、48、52、**101**
避難基準雨量　106、110、112、
　　113、114、115、116、**117**、
　　121、123、124、127、128、
　　130、131
避難経路　50、57、**89**、90、91、
　　92、94
避難行動要支援者　5、33、**36**、

170

Index

56、57、99、125

避難行動要支援者名簿　33、**36**、
99

避難指示　6、22、23、25、26、
27、**36**、39、54、57、87、
95、124

避難指示（緊急）　**36**、40、42、
45、48、51、56、57

避難準備・高齢者等避難開始　**35**、
40、42、44、45、46、50、
52、54、57、90

避難準備情報　22、29、32、**35**、
39、40、57、72、112、
124、125、127、128、130

避難所　6、9、21、22、25、26、
35、40、53、56、57、74、
77、87、95、103、117、
118、122、123、124、125、
126、138、155

避難場所　29、**35**、52、56、57、
89、90、91、92、94、95、
96、97、98、138

避難判断水位　34、**42**、43、44、
134、136

広島豪雨災害　9、69、**103**、119、
127、130、132、141、144、
148

ふ

ブラインド型　68、**84**、161、
162、163

ほ

防災気象情報　5、**37**、38、40、
73、82、83、84、90、134

防災行政無線　13、14、16、22、
23、24、28、35、38、39、
40、53、54、**55**、57、77、
79、84、85、86、111、
112、125、127、128、137

防災情報システム　74、75、76、
77、78、102、122、138

防災情報メール　**110**、112、125、
131

ホットライン　21、22、24、25、
134、135

め

メッシュ情報　37、**49**、50、51、
110、112、117、121、122、
123、124、127、129、130、
131

も

木造住宅密集地域　**91**

よ

要援護者　**36**、39、57

要配慮者　29、31、32、33、**36**、
50、52、54、97、98、99

り

リエゾン　**139**、157

171

Index

罹災証明　9、74、77、**137**
リスクコミュニケーション　56、
　　86、88、90、91、92、**102**
流域雨量指数　**43**、46、47

る

累加雨量　**46**、47、50、51、110、
　　131

■著者紹介
室 田 哲 男（むろた　てつお）

(昭和34年12月5日生)
最終学歴　昭和59年3月　東京工業大学大学院社会工学専攻修了
○略　歴
昭和59年4月　自治省入省
平成15年4月　福岡県総務部次長、総務部理事
平成19年7月　総務省自治行政局合併推進課長
平成20年11月　国土交通省河川局水政課長
平成23年1月　総務省自治行政局地域政策課長
平成24年4月　同　消防庁総務課長
平成25年6月　同　消防庁国民保護・防災部長
平成27年7月　広島市副市長
平成29年7月　危険物保安技術協会理事長
○主な著書
「欧州統合とこれからの地方自治」日本法制学会
「地方交付税　何が問題か」（共著）東洋経済新報社
「地方公営企業」（共著）ぎょうせい

自治体の災害初動対応
〜近年の災害対応の教訓を活かす〜

定価（本体1,600円+税）

著　者　**室田　哲男** ©2018 Tetsuo Murota
発　行　平成30年3月20日（第一刷）
発行者　近　代　消　防　社
　　　　三井　栄志

発行所
株式会社　近　代　消　防　社

〒105-0001　東京都港区虎ノ門2丁目9番16号
　　　　　　　　　（日本消防会館内）
　　　TEL（03）3593-1401㈹
　　　FAX（03）3593-1420
　　　URL　http://www.ff-inc.co.jp

〈振替　東京00180-6-461　　00180-5-1185〉

ISBN 978-4-421-00910-1〈落丁・乱丁の場合は取替えます。〉

> ## 自治体の災害初動対応
> ～近年の災害対応の教訓を活かす～
> 室 田 哲 男 著

追　補

　令和3年5月の災害対策基本法の改正において、「避難勧告・避難指示の避難指示への一本化」、「避難行動要支援者ごとの個別避難計画作成の努力義務化」などの制度改正が行われました。これらの改正に伴い、本書『第二章　市町村の災害初動対応と「事前の備え」』について、内容の追加・見直しが必要となりましたので、追補を作成いたしました。

　読者の皆様には、本書とあわせてご活用いただければ幸いです。

　　令和3年6月

著　者

1　避難勧告・避難指示の避難指示への一本化等

（1）　避難情報の包括的見直し

　令和元年台風第19号等においては、避難勧告、避難指示の区別等、行政による避難情報が分かりにという課題が顕在化したことに加え、避難しなかった又は避難が遅れたことによる被災、豪雨・浸水時等の屋外移動中の被災、高齢者等の被災なども多数発生した。これらを踏まえ、避難勧告と避難指示を避難指示へ一本化するなど、避難情報の包括的な見直しが行われた（**次頁図参照**）。

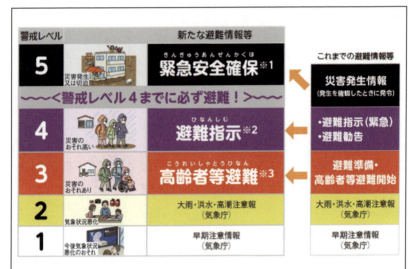

※1 市町村が災害の状況を確実に把握できるものではない等の理由から、警戒レベル5は必ず発令される情報ではない。
※2 避難指示は、これまでの避難勧告のタイミングで発令されることになる。
※3 警戒レベル3は、高齢者等以外の人も必要に応じ普段の行動を見合わせ始めたり、避難の準備をしたり、危険を感じたら自主的に避難するタイミングである。

※内閣府（防災担当）「新たな避難情報に関するポスター・チラシ」（令和3年5月）

（2） 避難指示等の発令基準の見直し

　避難情報の包括的見直しに伴い、「避難情報に関するガイドライン」が改定され、災害種別ごとの避難指示等の発令基準についても見直し

が行われた。

　例えば土砂災害について、避難指示等の発令基準の設定例は次の通りである。

【警戒レベル3】高齢者等避難の発令基準の設定例

1～3のいずれかに該当する場合に、警戒レベル3高齢者等避難を発令することが考えられる。

1：大雨警報（土砂災害）（警戒レベル3相当情報［土砂災害］）が発表され、かつ、土砂災害の危険度分布が「警戒（赤）」（警戒レベル3相当情報[土砂災害]）となった場合（※大雨警報（土砂災害）は市町村単位を基本として発表されるが、警戒レベル3高齢者等避難の発令対象区域は適切に絞り込むこと）

2：数時間後に避難経路等の事前通行規制等の基準値に達することが想定される場合

3：警戒レベル3高齢者等避難の発令が必要となるような強い降雨を伴う前線や台風等が、夜間から明け方に接近・通過することが予想される場合（大雨注意報が発表され、当該注意報の中で、夜間～翌日早朝に大雨警報（土砂災害）（警戒レベル3相当情報[土砂災害]）に切り替える可能性が高い旨に言及されている場合など）（夕刻時点で発令）

注　土砂災害の危険度分布は最大2～3時間先までの予測である。このため、発令基準例1において、高齢者等の避難行動の完了までにより多くの猶予時間が必要な場合には、土砂災害の危険度分布の格子判定が出現する前に、大雨警報（土砂

災害）（警戒レベル３相当情報 [土砂災害]）の発表に基づき
警戒レベル３高齢者等避難の発令を検討してもよい。

【警戒レベル４】避難指示の発令基準の設定例

１〜５のいずれかに該当する場合に、警戒レベル４避難指示を
発令することが考えられる。

１：土砂災害警戒情報（警戒レベル４相当情報 [土砂災害]）が
　　発表された場合（※土砂災害警戒情報は市町村単位を基本と
　　して発表されるが、警戒レベル４ 避難指示の発令対象区域は
　　適切に絞り込むこと）

２：土砂災害の危険度分布で「非常に危険（うす紫）」（警戒レ
　　ベル４相当情報 [土砂災害]）となった場合

３：警戒レベル４避難指示の発令が必要となるような強い降雨
　　を伴う前線や台風等が、夜間から明け方に接近・通過するこ
　　とが予想される場合（夕刻時点で発令）

４：警戒レベル４避難指示の発令が必要となるような強い降雨
　　を伴う台風等が、立退き避難が困難となる暴風を伴い接近・
　　通過することが予想される場合（立退き避難中に暴風が吹き
　　始めることがないよう暴風警報の発表後速やかに発令）

５：土砂災害の前兆現象（山鳴り、湧き水・地下水の濁り、渓
　　流の水量の変化等）が発見された場合

注　夜間・未明であっても、発令基準例１〜２又は５に該当す
　　る場合は、躊躇なく警戒レベル４避難指示を発令する。

【警戒レベル５】緊急安全確保の発令基準の設定例

　「立退き避難」を中心とした行動から「緊急安全確保」を中心とした行動変容を特に促したい場合に発令することが考えられ、例えば以下の１〜２のいずれかに該当する場合が考えられる。ただし、以下のいずれかに該当した場合に必ず発令しなければならないわけではなく、また、これら以外の場合においても居住者等に行動変容を求めるために発令することは考えられる。

（災害が切迫）

１：大雨特別警報（土砂災害）（警戒レベル５相当情報 [土砂災害]）が発表された場合

　（※大雨特別警報（土砂災害）は市町村単位を基本として発表されるが、警戒レベル５緊急安全確保の発令対象区域は適切に絞り込むこと）

（災害発生を確認）

２：土砂災害の発生が確認された場合

注　発令基準例１を理由に警戒レベル５緊急安全確保を発令済みの場合、発令基準例２の災害発生を確認しても、同一の居住者等に対し警戒レベル５緊急安全確保を再度発令しない。具体的な災害の発生状況や考えられる被害、とり得る行動等を可能な限り居住者等に伝達することに注力すること。

※内閣府（防災担当）「避難情報に関するガイドライン」（令和３年５月）

（3） 居住者等がとるべき避難行動

　避難指示等が発令された場合の居住者等がとるべき避難行動は、下表の通りである。

避難情報等	居住者等がとるべき行動
【警戒レベル５】 緊急安全確保 （市町村長が発令）	●命の危険 直ちに安全確保 ・指定緊急避難場所等への立退き避難することがかえって危険である場合、緊急安全確保する。 　ただし、災害発生・切迫の状況で、本行動を安全にとることができるとは限らず、また本行動をとったとしても身の安全を確保できるとは限らない。
【警戒レベル４】 避難指示 （市町村長が発令）	●危険な場所から全員避難 ・危険な場所から全員避難（立退き避難又は屋内安全確保）する。
【警戒レベル３】 高齢者等避難 （市町村長が発令）	●危険な場所から高齢者等は避難 ・高齢者等※は危険な場所から避難（立退き避難又は屋内安全確保）する。 ※避難を完了させるのに時間を要する在宅又は施設利用者の高齢者及び障害のある人等、及びその人の避難を支援する者・高齢者等以外の人も必要に応じ、出勤等の外出を控えるなど普段の行動を見合わせ始めたり、避難の準備をしたり、自主的に避難するタイミングである。例えば、地域の状況に応じ、早めの避難が望ましい場所の居住者等は、このタイミングで自主的に避難することが望ましい。

【警戒レベル２】 大雨・洪水・高潮 注意報 （気象庁が発表）	●自らの避難行動を確認 ・ハザードマップ等により自宅・施設等の災害リスク、指定緊急避難場所や避難経路、避難のタイミング等を再確認するとともに、避難情報の把握手段を再確認・注意するなど、避難に備え自らの避難行動を確認。
【警戒レベル１】 早期注意情報 （気象庁が発表）	●災害への心構えを高める ・防災気象情報等の最新情報に注意する等、災害への心構えを高める。

※内閣府（防災担当）「避難情報に関するガイドライン」（令和３年５月）

【避難行動の分類】

◆立退き避難：指定緊急避難場所や自主的な避難先（安全な場所にある親戚・知人宅、ホテル・旅館等）への移動

◆屋内安全確保：上階への移動や高層階に留まること（待避）

◆緊急安全確保：高い場所や近隣の堅牢な建物への緊急的な移動等

（４）　避難情報の伝達・避難行動の呼びかけ

　避難指示等を発令した場合は、直ちに発令の事実とともに対象者ごとのとるべき避難行動を、あらゆる手段を用いて伝達する必要がある。

　例えば土砂災害について、避難指示等の伝達文例（防災行政無線）は次の通りである。

【警戒レベル３】高齢者等避難の伝達文の例（土砂災害）

■緊急放送！緊急放送！（又は、警戒レベル３！警戒レベル

３！）

■こちらは、○○市です。

■土砂災害が発生するおそれがあるため、○○地区の土砂災害警戒区域に対し、警戒レベル３「高齢者等避難」を発令しました。

■○○地区の土砂災害警戒区域にいる（又は、「ハザードマップを確認し、土砂災害のおそれがある区域にいる」）高齢者や障害のある人など避難に時間のかかる方やその支援者の方は、避難場所や安全な親戚・知人宅等に速やかに避難してください。

■それ以外の方も、不要不急の外出を控えたり、避難の準備を整えるとともに、必要に応じ、自主的に避難してください。

■特に、崖付近や沢沿いにお住まいの方や、避難経路が通行止めになるおそれがある方は自主的に避難してください。

【警戒レベル４】避難指示の伝達文の例（土砂災害）

■緊急放送！緊急放送！（又は、警戒レベル４！警戒レベル４！）

■こちらは、○○市です。

■土砂災害が発生するおそれが高まったため、○○地区の土砂災害警戒区域に対し、警戒レベル４「避難指示」を発令しました。

■○○地区の土砂災害警戒区域にいる方は、（又は、「ハザードマップを確認し、土砂災害のおそれがある区域にいる方は、」）避難場所や安全な親戚・知人宅等に今すぐ避難してください。

■ただし、避難場所等への立退き避難が危険な場合には、少し

8

でも崖や沢から離れた建物や自宅内の部屋に移動するなど、身の安全を確保してください。

【警戒レベル５】緊急安全確保の伝達文の例（土砂災害）

（土砂災害発生が切迫している状況）

■緊急放送！緊急放送！（又は、警戒レベル５！警戒レベル５！）

■こちらは、○○市です。

■○○市に大雨特別警報（土砂災害）が発表され、○○地区では土砂災害が既に発生している可能性が極めて高い状況であるため、○○地区の土砂災害警戒区域に対し、警戒レベル５「緊急安全確保」を発令しました。

■避難場所等への立退き避難が危険な場合には、

少しでも崖や沢から離れた建物や自宅内の部屋に移動するなど、命の危険が迫っているので、直ちに身の安全を確保してください。

（土砂災害発生を確認した状況）

■緊急放送！緊急放送！（又は、土砂災害発生！土砂災害発生！）

■こちらは、○○市です。

■○○地区で土砂災害が発生したため、○○地区の土砂災害警戒区域 に対し、警戒レベル５「緊急安全確保」を発令しました。

■避難場所等への立退き避難が危険な場合には、少しでも崖や沢から離れた建物や自宅内の部屋に移動するなど、命の危険

9

が迫っているので、直ちに身の安全を確保してください。

※内閣府（防災担当）「避難情報に関するガイドライン」（令和3年5月）

2　個別避難計画作成の努力義務化等

　近年の災害においては、多くの高齢者をはじめとする避難行動要支援者が被災した一方で、避難行動要支援者ごとに避難支援等実施者等をあらかじめ定める個別避難計画の作成は十分とはいえない状況であった。このような状況を踏まえ、災害時における避難行動要支援者の円滑な避難の実効性を確保するため、個別避難計画の作成を全国的に推進する観点から、その作成を市町村の努力義務とすることとされた。

　加えて、個別避難計画に記載された情報について、平常時には、避難行動要支援者及び避難支援等実施者の同意を得た場合又は条例に特別の定めがある場合において、消防機関、民生委員、社会福祉協議会、自主防災組織等の避難支援等関係者に対して提供できることとされた。さらに、災害発生時には、避難行動要支援者及び避難支援等実施者の同意を得なくても、避難支援等関係者等に対して提供できることとされるなど、避難行動要支援者の避難の実効性を高める措置が講じられた。

11

12